NICK TUCKER

ZWÖLF DINGE DIE GOTT NICHT TUN KANN

UND WARUM WIR DESHALB BESSER SCHLAFEN KÖNNEN

Nick Tucker
12 Dinge, die Gott nicht tun kann
... und warum wir deshalb besser schlafen können

Best.-Nr. 271877
ISBN 978-3-86353-877-4
Christliche Verlagsgesellschaft Dillenburg

Titel des englischen Originals:
12 Things God Can't Do
... and How They Can Help You Sleep at Night

Published by: The Good Book Company
www.thegoodbook.co.uk

Wenn nicht anders angegeben,
wurde folgende Bibelübersetzung verwendet:
Elberfelder Bibel 2006, © 2006 by SCM R. Brockhaus in der
SCM Verlagsgruppe GmbH Witten/Holzgerlingen (ELB).
Außerdem wurden folgende Bibelübersetzungen verwendet:
Neue evangelistische Übersetzung (NeÜ); Neue Genfer Übersetzung (NGÜ); Schlachter (SLT), Zürcher Bibel (ZB) und Menge Bibel (Menge).

1. Auflage

www.cv-dillenburg.de

Übersetzung: Dr. Friedemann Lux
Satz und Umschlaggestaltung: Christliche Verlagsgesellschaft Dillenburg

Druck: GGP Media GmbH, Pößneck
Printed in Germany

Wenn Sie Rechtschreib- oder Zeichensetzungsfehler entdeckt haben,
können Sie uns gerne kontaktieren: info@cv-dillenburg.de

INHALT

In memoriam
Michael John Ovey

EINLEITUNG

„Sie haben ein Problem."

Sollte ich ihr glauben oder nicht? Die harte Schule des Lebens hat mich gelehrt, dass, wenn mir jemand sagt, dass ich ein Problem habe, dies sehr wahrscheinlich stimmt. Aber ein gewisser Schalk im Auge der Dame signalisierte mir, dass doch nicht alles verloren war.

„Oh weh", sagte ich. „Habe ich irgendetwas Falsches gesagt?" (Meistens ist das die Ursache.)

„Fast hätte ich es heute Morgen nicht hierhergeschafft", erwiderte sie. Mein Herzschlag verlangsamte sich wieder. Ich war Gastprediger auf einer Gemeindefreizeit, und dass dieses Gemeindeglied Probleme mit der Anreise gehabt hatte, ging ja wohl kaum auf mein Konto.

„Es ist Ihre Schuld", fuhr die Dame fort.

„Na, das tut mir leid ..." Jetzt war ich neugierig geworden.

Ich erfuhr, dass der Mann dieser Frau vor ein paar Jahren verstorben war und dass sie seitdem keine Nacht mehr durchgeschlafen hatte. Doch an diesem Morgen hatte sie nicht wie sonst stundenlang dem Morgengesang der Vögel draußen gelauscht, sondern war von einem heftigen Klopfen an ihrer Haustür geweckt worden. Es war die Freundin, die sie abholen wollte, um sie zu dem nächsten Treffen der Freizeit zu fahren. Sie hatte nicht nur die ganze Nacht durchgeschlafen, sie hatte sogar *verschlafen*.

Aber was sollte *ich* damit zu tun haben? Nun, die Dame führte ihre Verschlafenheit auf meinen Vortrag vom letzten Abend zurück. Es kommt öfters vor, dass die Leute einschlafen, wenn ich rede, aber meistens wachen sie wieder auf, wenn ich fertig bin. Doch diesmal war es anders gewesen. Die Wirkung meines Vortrags war genau das gewesen, was sein Titel verhieß: „Zwölf Dinge, die Gott nicht tun kann, und warum wir deshalb besser schlafen können."

Ich hoffe, dass das Lesen dieses Buches eine ähnliche Wirkung auf Sie haben wird. Wer Gott besser kennenlernt, schläft besser.

Sie glauben mir nicht? Fragen Sie König David!

Am Anfang des 3. Psalms schildert er eine absolut notvolle Situation: „Herr! Wie zahlreich sind meine Bedränger! Viele erheben sich gegen mich" (V. 2). Es ist so schlimm, dass die Leute sich zuraunen: „Es gibt keine Rettung für ihn bei Gott!" (V. 3). David verfasste diesen Psalm, als er auf der Flucht vor seinem Sohn Absalom war, der in einem Staatsstreich den Thron an sich gerissen hatte (vgl. 2Sam 15–18). David war entkommen, stand aber jetzt auf der Abschussliste des Usurpators.

Doch dann, in V. 6 des 3. Psalms, wartet eine große Überraschung: „Ich legte mich nieder und schlief; ich erwachte, denn der Herr stützt mich." Für *David* dürfte das Erstaunlichste die Mitte des Verses gewesen sein: „Ich erwachte." (Es gab damals genügend Leute, die genau das verhindern wollten.) *Ich* staune am meisten darüber, dass David überhaupt einschlafen konnte.

Schlafen ist etwas, das uns normalerweise nur dann gelingt, wenn wir uns sicher fühlen. Wissenschaftler sagen, dass in der ersten Nacht an einem neuen Ort die Hälfte unseres Gehirns die ganze Zeit in Alarmbereitschaft bleibt.[1] Eigentlich ist Einschlafen ein Akt absoluten Vertrauens: Man ist so verletzlich, bekommt

---

1 „Night Watch in One Brain Hemisphere during Sleep Associated with the First-Night Effect in Humans", https://www.cell.com/current-biology/fulltext/S0960-9822(16)30174-9 (Zugriff am 4. Oktober 2021).

nicht mit, was um einen herum passiert, und kann sich nicht wehren. Wenn wir unter Stress stehen oder uns bedroht fühlen, machen die „Kämpfe oder flieh"-Mechanismen unseres Körpers erholsamen Schlaf zu einer Unmöglichkeit.

Wenn uns also jemand buchstäblich ans Leben will, wie Davids Feinde damals, ist Schlaf ein Luxus. Ein Soldat im Feindesland legt sich nicht einfach zum Schlafen hin, weil es zehn Uhr abends ist. Nur das wachsame Auge des Kameraden, der Wache steht, lässt ihn (nun ja, einigermaßen) beruhigt die Augen schließen. David konnte in seiner absolut angespannten Situation deshalb ruhig schlafen, weil er einen noch besseren Wächter als einen menschlichen Kameraden hatte: „Du aber, HERR, bist ein Schild um mich her" (Ps 3,4). Weil er *das* wusste, konnte er sagen: „Ich fürchte mich nicht vor Zehntausenden Kriegsvolks, die ringsum mich belagern" (V. 7). Wie er es im nächsten Psalm ausdrückt: „In Frieden will ich mich hinlegen und gleich schlafen; denn du, HERR, allein lässt mich in Sicherheit wohnen" (Ps 4,9).

David wusste, wie mächtig Gott ist und wie treu er hält, was er versprochen hat. Und dieses Buch, das Sie in Händen halten, will Ihnen die gleiche Zuversicht vermitteln. Ich möchte Ihnen einen Einblick in Gottes Größe geben, der Sie die Welt mit anderen Augen sehen – und, ja, nachts besser schlafen lässt.

Bei dem Thema „Gottes Größe" denken wir normalerweise an das, was Gott alles tun kann. Nun, auf den folgenden Seiten möchte ich Ihnen zwölf Dinge vorstellen, die Gott *nicht* tun kann – und wenn wir erkennen, was Gott *nicht* tun kann, haut uns seine Größe förmlich um.

Wie ich das meine? Bleiben wir noch ein Weilchen bei dem Thema „Schlaf". Gott kann nicht schlafen. Diese Wahrheit finden wir im 121. Psalm, der zu den sogenannten Wallfahrtsliedern gehört, die von den jüdischen Pilgern auf dem anstrengenden, gefährlichen und steilen Weg nach Jerusalem gesungen wurden. Während sie gingen, sangen sie Gott Loblieder, um einander Mut zu machen:

> *Er wird nicht zulassen, dass dein Fuß wankt.*
> *Dein Hüter schlummert nicht.*
> *Siehe, nicht schlummert und nicht schläft*
> *der Hüter Israels. (Ps 121,3-4)*

Gott verliert den Ball nie aus den Augen; er nickt nicht ein und hört nicht auf, über die Seinen zu wachen und für sie zu sorgen. Seine Kinder können sich getrost hinlegen, weil er selbst das nie tut. Victor Hugo, der Autor des großen Romans *Les Misérables (Die Elenden)* hat es folgendermaßen auf den Punkt gebracht:

> *Sei mutig in den großen Mühen und Nöten des Lebens und geduldig in den kleinen, und wenn du dein Tagewerk treu getan hast, geh in Frieden zu Bett, denn Gott wacht.*[2]

Wir schlafen, weil wir es müssen. Aber Gott braucht keinen Schlaf. Was nur *ein* Beispiel für eine Wahrheit ist, die dem ganzen Rest dieses Buches zugrunde liegt: *Gott ist nicht wie wir.* Wenn Sie sich darüber klar werden, werden Sie die folgenden Seiten viel besser verstehen.

Wir neigen ja dazu, die Welt durch unsere eigene Brille zu sehen. Deshalb denken wir oft, dass Gott im Grunde wie wir ist,

---

2 Victor Hugo, „To Savinien Lapointe. March, 1841", in: *The Letters of Victor Hugo: From Exile, and After the Fall of the Empire,* ed. Paul Meurice (Houghton, Mifflin and Company, 1898), S. 23.

nur viel, viel größer. Aber eine der absoluten Grundtatsachen, die Gott uns zeigen möchte, ist, dass er mit nichts in der Schöpfung zu vergleichen ist. *Wir* brauchen unseren Schlaf – *Gott* nicht.

Einer meine Lieblingsabschnitte in der Bibel ist Jesaja 40. Das Kapitel beginnt mit der Ankündigung, dass Gott kommt, um sein Volk zu retten (V. 1-5). Doch Israel geht es gerade gar nicht gut, und es wird noch viel schlimmer werden. Wie können die Israeliten sicher sein, dass Gottes Rettung kommen wird?

> *Siehe, der Herr, HERR, kommt als Starker,*
> *und sein Arm übt die Herrschaft für ihn aus.*
> *Siehe, sein Lohn ist bei ihm,*
> *und seine Belohnung geht vor ihm her.*
> *Er wird seine Herde weiden wie ein Hirte,*
> *die Lämmer wird er in seinen Arm nehmen*
> *und in seinem Gewandbausch tragen,*
> *die säugenden Muttertiere wird er fürsorglich leiten.*
> *(Jes 40,10-11)*

Und dann, um uns zu zeigen, wie mächtig dieser Gott mit seinem starken „Arm" wirklich ist, fährt Jesaja mit der Frage fort: „Wer hat das Wasser gemessen mit seiner hohlen Hand und den Himmel abgemessen mit der Spanne?" (V. 12). Die Antwort ist offensichtlich: allein Gott. Er allein kann alles tun, was er will. Wer sich einmal darüber klar geworden ist, was sich am Ende von Gottes Arm befindet – nämlich eine Hand, in der alles Wasser im Universum Platz hat –, der braucht nicht mehr länger darüber nachzugrübeln, ob Gott ihn wohl retten kann.

Dieses Frage-Antwort-Schema ist ein Stilmittel, das Jesaja in Kapitel 40 mehrmals einsetzt. Wenn Sie Zeit haben, setzen Sie sich ruhig einmal hin und lesen Sie Jesaja 40 ganz durch, mit der Frage im Hinterkopf: „Wie ist Gott?" Warum machen Sie das nicht gleich sofort, bevor Sie weiterlesen?

Also: Wie ist der Gott von Jesaja 40? Wir könnten antworten: „stark", „weise", „gut", „unergründlich", und das wäre alles vollkommen richtig. Aber die Antwort, die Jesaja selbst hier wiederholt gibt, kann man so zusammenfassen: „Gott ist wie kein anderer, er ist unvergleichlich." Wieder und wieder stellt der Prophet hier Fragen, die man mit „Niemand!" beantworten muss. Mit wem hat sich Gott je beraten (V. 14)? Mit niemandem. Mit wem kann man ihn vergleichen (V. 18)? Mit niemandem. Wer ist ihm gleich (V. 25)? Niemand. Sehen Sie es? Gott ist absolut unvergleichlich.

Gott ist unvergleichlich groß. Im Vergleich zu ihm ist das Universum so klein, dass er den Himmel mit der Spanne seiner Hand abmessen und den Staub der Erde auf eine Waage legen kann (Jes 40,12). Er ist auch unvergleichlich weise; niemand hat ihn je belehren müssen. Und er ist unvergleichlich heilig.

Für die alttestamentlichen Israeliten war der Opferkult im Tempel eine sichtbare Erinnerung an Gottes Heiligkeit. Tagtäglich wurden Opfertiere geschlachtet und auf dem Altar verbrannt, und die Botschaft war deutlich: Sich einem heiligen Gott zu nähern war eine überaus ernste, kostspielige und blutige Angelegenheit. Jesaja steigert dieses Bild noch, wenn er den Blick auf das Libanongebirge lenkt, das für seine gewaltigen Zedern berühmt war, und sagt: *Stellt euch vor, jemand holzt sämtliche Bäume im Libanon ab und schichtet sie zu einem riesigen Altarfeuer für Gott auf.* Es wäre ein Inferno, wie die Welt es noch nicht gesehen hat. *Aber*, so fährt Jesaja fort, *das würde noch nicht ausreichen. Und wenn ihr das ganze Wild im Libanon nehmen und Gott als Opfer darbringen würdet, es wäre immer noch nicht genug* (vgl. Jes 40,16).

Nein, es ist nicht so, dass Gott ein maßlos übersteigertes Ego hätte. Das Bild mit dem Holz und dem Wild des Libanons könnte dazu verleiten, Gott mit dem Opernstar Jenny Lind in dem Film *The Greatest Showman* zu vergleichen, deren unstillbarer Hunger nach Ruhm sie singen lässt: „Das Licht von tausend Strahlern ... nein, es genügt mir nicht." Tatsache ist: Wenn wir Gott das ganze All als Opfer darbrächten, es würde nicht reichen, um den Ruhm und die Herrlichkeit, den seine Heiligkeit verdient, angemessen zum Ausdruck zu bringen. Jenny Lind hat ein unstillbares Bedürfnis nach Ruhm und Ehre – Gott dagegen hat keine Bedürfnisse; er braucht nichts.

Unser Lobpreis, unser Dienst, unsere Hingabe, unser Geld sind lauter Dinge, die wir zu Recht in Gottes Dienst stellen – aber *brauchen* tut er sie nicht. Er ist nicht knapp bei Kasse, und er hat keine Minderwertigkeitsgefühle. Mit seinem bloßen Wort hat er das Universum erschaffen – sollte er da unsere Hilfe brauchen? Er hat auch keinen Personalmangel; er genügt sich selbst.

Wenn wir in eine Beziehung zu Gott treten können, dann nicht, weil er uns brauchen würde, sondern weil er uns schlicht und einfach liebt. Und er segnet uns nicht, weil wir so toll sind oder ihm so viel geben können, sondern weil er uns segnen *will*.

Denken Sie mal darüber nach: Gott braucht Sie nicht, aber er liebt Sie. Und je mehr Sie ein Bewusstsein für seine Macht und Herrlichkeit und Heiligkeit bekommen, desto mehr wird Ihnen klar, dass dies die einzige Möglichkeit ist, wie Sie mit ihm in Beziehung treten können. Gott ist so groß, dass wir ihn keinen Millimeter weit erkennen könnten, wenn er nicht selbst die Initiative ergreifen und sich uns zeigen würde. Und wunderbarerweise hat er genau das auf vielfache Weise getan. Unter anderem dadurch, dass er uns seinen *Namen* geoffenbart hat.

Namen, die in der einen Kultur einen echten Sinn haben, werden in einer anderen womöglich nur mit Achselzucken quittiert. Meine Schwester war eine Zeit lang Lehrerin in Afrika, und einer ihrer Schüler hieß „Unschuldiger Dachs". Wir fanden das furchtbar komisch, wenn wir ihre flapsigen E-Mails lasen, in denen sie ihre Abenteuer schilderte. Aber wir verpassen etwas, wenn wir die Namen in der Bibel lediglich komisch finden. Diese Namen sind unerhört bedeutungsschwer – so sehr, dass Gott nicht selten den Namen eines Menschen ändert, um ihm eine neue Identität zu geben. Da wird aus Abram *Abraham* („Vater vieler Völker"). Oder der Fischer Simon wird zu dem Felsen *Petrus,* auf dessen Bekenntnis Jesus seine Gemeinde bauen wird. Gott gibt in der Bibel vielen Menschen einen neuen Namen, aber kein Mensch gibt Gott einen Namen. Stattdessen offenbart Gott seinen Freunden selbst seinen Namen: „Ich bin, der ich bin" oder einfach „Ich bin" (*Jahwe*, siehe 2Mo 3,14).

Was bedeutet dies? Dass Gott vollkommen unabhängig ist. Er existiert aus einem einzigen Grund: weil er der ist, der er ist. Niemand sonst kann das von sich sagen. Ich existiere zu einem guten Teil wegen meiner Eltern, und die existieren aufgrund ihrer Eltern und so weiter. Ich bin nicht unabhängig; es würde mich nicht geben, wenn nicht vor mir Tausende andere Menschen geheiratet und Kinder gezeugt hätten. Aber Gott – nun, Gott „ist" einfach.

Theologen, die gerne lateinische Worte benutzen, sprechen hier von der *Aseität* Gottes, was auf Deutsch so viel wie „Aus-sich-Sein" bedeutet (jetzt wissen Sie, warum die Theologen das lieber auf Lateinisch ausdrücken). Aber egal, welche Sprache wir benutzen, dies ist die Fundamentaltatsache, ohne die wir Gott unmöglich begreifen können: Er ist in seiner Existenz von nichts und niemandem abhängig. Er ist der Schöpfer aller Dinge, der selbst nicht erschaffen ist. Die Schöpfung würde ohne ihn nicht existieren – er ohne die Schöpfung schon. Ich weiß nicht, wie das bei Ihnen ist, aber ich finde es schwer, mir die Welt ohne mich vorzustellen. Doch alles deutet darauf hin, dass sie die meiste Zeit ohne mich existiert hat, und das sogar ganz gut. Gott dagegen existiert zwangsläufig und immer; das ist Teil der Definition, wer er ist.

Aus dieser Tatsache folgt eine ganze Menge, wie wir noch sehen werden. Aber vergessen Sie nicht das große Ziel dieses Buches: dass wir lernen, den unsichtbaren Gott etwas mehr zu erkennen. Und wenn das geschieht, ändern sich vielleicht nicht nur unsere Schlafgewohnheiten. Die zwölf Dinge, die Gott nicht tun kann, bringen Aspekte seines Wesens zum Ausdruck, die wir mit Erleichterung annehmen, mit Freude genießen und mit Ehrfurcht anbeten können – und die uns, wie ich hoffe, helfen werden, etwas besser zu schlafen.

ERSTES ZWISCHENSPIEL: DER GOTT, DER GESCHLAFEN HAT

Bevor wir uns den zwölf Dingen zuwenden, die Gott nicht tun kann, muss ich noch eine letzte einleitende Bemerkung machen. Sie finden in diesem Buch mehrere „Zwischenspiele" – hier geht es darum, dass Gott, als er in Jesus Christus Mensch wurde, manche der Dinge tat, die er „eigentlich" nicht tun kann.

Nehmen wir das Beispiel vom Anfang: Gott schläft nicht. Schlafen ist etwas, das Gottes Wesen zutiefst fremd ist. Und das macht eine der Begebenheiten aus dem Leben Jesu, von denen Matthäus, Markus und Lukas berichten, ziemlich verblüffend.

Sie kennen die Geschichte sicher: Jesus und seine Jünger fahren über den See Genezareth und geraten dabei in einen jener

Stürme, die urplötzlich diesen See heimsuchen können. Die Jünger – etliche von ihnen erfahrene Fischer, die sich gut mit dem See auskennen – wecken voller Angst Jesus, der eher ein Landbewohner ist: „Lehrer, kümmert es dich nicht, dass wir umkommen?" (Mk 4,38). Worauf Jesus aufsteht und dem Wind und den Wellen befiehlt, sich zu legen – und es ganz still wird.

Markus hat in seine Geschichte eine bezeichnende Parallelität eingebaut. Er schildert den Sturm als „heftig" (Mk 4,37) und die Stille nach dem Sturm als „groß" (V. 39); im Griechischen steht hier beide Male das Wort „mega". Aber es gibt noch ein drittes „mega", das die Reaktion der Jünger auf die Stillung des Sturms beschreibt. Sie „fürchteten sich mit großer *(mega)* Furcht und sprachen zueinander: Wer ist denn dieser, dass auch der Wind und der See ihm gehorchen?" (V. 41).

Auf diese Frage gab es nur eine Antwort, und daher kam die „große Furcht" der Jünger. Nach der hebräischen Bibel kann Gott allein den Elementen befehlen. Am Ende der Geschichte sind die Jünger entsetzter darüber, dass Jesus in ihrem Boot ist, als über die steigenden Wassermassen. Sie sind in der Gegenwart des lebendigen Gottes!

Aber das ist noch nicht das Verblüffendste an dieser Szene. Der eigentliche Hammer ist, dass die Jünger Jesus *wecken* müssen, um ihn zu bitten, sie zu retten, denn Jesus „war hinten im Boot und schlief auf dem Kopfkissen" (Mk 4,38).

In dieser Begebenheit erleben wir Jesus aus zwei verschiedenen Perspektiven: Einerseits sehen wir einen Mann, der todmüde ist und schlafen muss wie wir, und andererseits hat er die Macht und Autorität Gottes selbst. Wie kann das sein? Die Erklärung zieht sich wie ein roter Faden durch das ganze Neue Testament: Jesus ist *beides:* Gott und Mensch.

Diese Verbindung des Göttlichen und des Menschlichen in ein- und derselben Person entwickelte sich in der alten Kirche zu einem kontroversen Thema wie kein anderes. Das Neue Testament sagt klipp und klar, dass Jesus ganz Gott und zusammen mit dem Vater und dem Heiligen Geist anzubeten ist, doch ein paar Denkern, die sehr gründlich sein wollten, bereitete das Kopfzerbrechen. Einiges von dem, was wir über Gott wissen, will nicht recht zu dem passen, was wir über Jesus wissen. Das brachte einen sehr prominenten Theologen der alten Kirche, Arius, dazu, die Göttlichkeit Jesu zu verneinen; der Sohn Gottes war für ihn lediglich das erste und höchste aller Geschöpfe.

Der „arianische Streit", der die Kirche eine Generation lang spaltete, ist ein Beispiel für ein allgemeines Problem, mit dem die Christenheit immer wieder konfrontiert war: Ein bestimmter biblischer Gedanke wird so betont, dass alle anderen ausgeblendet werden. Dieser Gedanke führt dann, konsequent weiterentwickelt, zu Aussagen, die in sich scheinbar stimmig sind, aber mit anderen Aussagen in der Bibel im Widerspruch stehen. Hilarius, Bischof von Poitiers und ein lebenslanger entschiedener Gegner des Arianismus (man nannte ihn den „Hammer der Arianer"), hat in seiner Schrift *De Trinitate* (Über die Dreieinigkeit) das Problem des Arianismus auf den Punkt gebracht:

> *Jede Ungläubigkeit [hier: gegenüber der Göttlichkeit Jesu] also ist Torheit. Denn indem sie [nur] das Wissen ihrer Schwachheit nutzt, glaubt sie für nicht vollziehbar halten zu dürfen, was sie nicht einsieht [...]. Denn die Ursache der Ungläubigkeit rührt vom Meinen der Schwachheit her, indem jemand etwas als nicht geschehen glaubt, was*

nach seiner Begriffsbestimmung [= Überzeugung] nicht geschehen könne.[3]

Das sind deutliche Worte, und Hilarius benutzt sie, weil die Tatsache, dass Jesus sowohl ganz Gott als auch ganz Mensch ist, von zentraler Bedeutung ist. An ihr hängt unsere Erlösung! Warum das so ist, werden wir uns in einem späteren Kapitel noch genauer anschauen; halten wir für den Augenblick nur fest: Jesus ist einer von uns, der an unseren Begrenzungen teilhaben kann, und gleichzeitig ist er Gott, der diese Grenzen nicht kennt. In diesem Geheimnis liegen die Tiefen des Evangeliums verborgen.

Um die ganze ungeheure Tiefe des Evangeliums von unserer Erlösung ausloten zu können, müssen wir uns darüber klar werden, was Gott alles nicht kann. Erst dann werden wir dazu in der Lage sein, darüber nachzudenken, was Gott getan hat, um uns zu erlösen. Und so werden wir in diesem Buch hin und wieder ein „Zwischenspiel" zwischen den Kapiteln einfügen, wo wir darüber nachdenken, wie Gott in Jesus „diese Unfähigkeiten überwand" (wenn ich das einmal so ausdrücken darf), um uns zu erlösen. Gemeinsam werden wir entdecken, dass wir dann am besten schlafen können, wenn wir den Gott kennen, der nicht schlafen kann, aber dennoch bei uns geschlafen hat.

---

3 *Des heiligen Bischofs Hilarius von Poitiers zwölf Bücher über die Dreieinigkeit, I. Band (Buch I–VII)* (Verlag Josef Kösel & Friedrich Pustet, München 1933), S. 165 (= Buch III.24).

KAPITEL 1

GOTT KANN NICHT LERNEN

„Mein Gott ist so groß, so stark und so mächtig – es gibt nichts, was er nicht tun kann."

Dies ist in Amerika ein beliebtes Kinderlied, das gerne einmal abgewandelt wird. Ein Freund von mir singt mit Begeisterung: „Mein Rex ist so groß und so stark und so mächtig – es gibt nichts, was er nicht tun kann." Rex ist sein Hund, und nein, es ist kein großer Schäferhund, sondern ein kleines, mickriges Ding, aber ich muss bei dem Lied jedes Mal aufpassen, dass ich nicht aus Versehen die Rex-Version singe.

Sie haben keine Probleme mit diesem Lied? Freuen Sie sich nicht zu früh! Wenn wir hören: „Es gibt nichts, was Gott nicht tun kann", wollen wir am liebsten „Ganz genau!" rufen. Aber ... eigentlich stimmt er ja gar nicht, der Satz. Und das ist gut so, denn der Gott, der bestimmte Dinge *nicht* tun kann, ist viel größer als ein Gott, der alles kann.

Sie glauben das nicht? Sie finden, dass es ja wohl das Mindeste ist, was wir von Gott erwarten können, dass er alles kann? Bezeichnen die Theologen Gott nicht als „allmächtig"? Das Wort „allmächtig" ist eine Zusammensetzung aus den Worten „alles" und „Macht" (im Sinne von „Stärke" bzw. „Fähigkeit"). Der „allmächtige" Gott ist also der Gott, der alles tun kann. Klarer Fall, oder?

Nein, so klar ist der Fall nicht. Die Grenzen dieser Definition von Gott sehen wir an folgender Frage, die religiöse Skeptiker gerne stellen: „Kann Gott einen Stein erschaffen, der so schwer ist, dass er ihn selbst nicht heben kann?“ Wenn wir darauf mit „Nein“ antworten, gibt es etwas, das Gott *nicht* tun kann, und damit ist er nicht allmächtig. Und antworten wir mit „Ja“, dann ist Gott ebenfalls nicht allmächtig, denn er kann diesen Stein ja nicht heben. Schlussfolgerung des Skeptikers: „Deinen allmächtigen Gott gibt's nicht!“ Was absolut stimmt, wenn wir „allmächtig“ so verstehen, dass Gott alles tun kann, ohne jede Ausnahme. Aber das ist *nicht* die Bedeutung von „allmächtig“.

Die Bibel selbst spricht von Dingen, die Gott *nicht* tun kann. „Er kann sich selbst nicht verleugnen“, heißt es in 2. Timotheus 2,13. Was dieser Satz genau bedeutet, verrate ich Ihnen am Ende dieses Buches; halten wir für den Augenblick nur fest, dass es mindestens *eines* gibt, was Gott nicht tun kann. Das ganze Beispiel mit dem Stein, der zu schwer für Gott ist, ist also eigentlich vergeudete Zeit. Weder in der Bibel noch in der Kirchengeschichte finden wir die Behauptung, dass Gott in diesem absoluten Sinne „alles kann“.

Sie denken jetzt vielleicht: „Das gilt nicht. Solche komischen Beispiele kann man nicht ernst nehmen.“ Schließlich ist es nach der Bibel ein Kennzeichen von Dummköpfen, Gottes Existenz zu leugnen (Ps 14,1). Wie könnte da Gott selbst seine Existenz leugnen? Die Behauptung, dass Gott sich nicht selbst verleugnen kann – oder dass er nicht lügen oder nicht zum Bösen versucht werden kann –, ist etwas *Gutes*. In den Worten des mittelalterlichen Theologen Anselm, der im 11. Jahrhundert Bischof von Canterbury war:

> *Denn wer [so etwas] kann, der kann etwas, was ihm nicht zuträglich ist und was er nicht soll. Je mehr er das kann, desto mehr vermögen Widrigkeit und Verkehrtheit gegen ihn und er desto weniger gegen sie. Wer also in diesem Sinne kann, kann nicht durch Macht, sondern durch Ohnmacht.*[4]

Anders ausgedrückt: Es gibt Fähigkeiten, die in Wirklichkeit Schwächen sind. Nicht fähig zu sein, Böses zu tun, ist eine Stärke, auch wenn es sprachlich als Unfähigkeit formuliert wird.

Aber es gibt auch „gute" Dinge, die Gott nicht tun kann. Nehmen wir nur das Thema dieses Kapitels: Gott kann nicht lernen. Was soll daran gut sein? Ein Schulzeugnis mit dem Vermerk „Nick kann nicht lernen" hätte ich meinen Eltern höchst ungern vorgelegt. Aber wenn wir darüber nachdenken, *warum* Gott nicht lernen kann, wird uns das helfen, seine Herrlichkeit umso klarer zu sehen.

Stellen Sie sich eine Regentonne vor, wie man sie in Gärten findet. Stellen wir uns weiter vor, man erklärt uns, dass diese Tonne kein Wasser mehr fassen kann. Dafür könnte es alle möglichen Gründe geben. Die Tonne könnte zum Beispiel randvoll gefüllt sein, sodass schlicht nichts mehr hineingeht. Oder sie könnte ein Leck haben, sodass das Wasser immer ausläuft. Oder das Zulaufrohr, durch das neues Wasser in die Tonne kommt, ist verstopft. Und so weiter und so fort.

Nehmen wir an, dass unser Gehirn wie diese Regentonne ist und Wissen wie Wasser, dann können wir uns ähnliche Gründe vorstellen, warum jemand nicht lernen kann. Als ich ein Schüler war, kam mir mein Kopf manchmal so voll vor, dass nichts mehr

---

4 Anselm von Canterbury, *Proslogion,* Kap. 7, 2005, Stuttgart (Reclam), 31.

hineinging; meine Kapazität war erschöpft. Und einmal schlug ich auf dem Spielplatz so heftig mit dem Kopf auf, dass ich eine Zeit lang nicht mehr wusste, ob es gerade Montag oder Dienstag war; es war, als ob mein Gedächtnis ein Leck hatte. Und oft war ich im Unterricht mit meinen Gedanken so mit meinem geliebten Sport beschäftigt, dass ich nicht aufpasst habe und die Information nicht in mich hineinkonnte, wie bei dem verstopften Zulaufrohr. In all diesen Fällen verhinderten meine persönlichen Begrenzungen, dass ich lernen konnte. Aber wenn wir sagen, dass Gott nicht lernen kann, denken wir nicht an solche Begrenzungen.

Stellen wir uns noch einmal eine Regentonne vor – aber eine, die so groß ist, dass sie in keinen Garten passt. Sie enthält das gesamte Wasser der Erde, ja, mehr noch: des Universums. In diesem Fall kann die Tonne unmöglich noch voller werden, als sie schon ist – nicht, weil sie nicht groß genug wäre, sondern weil es nicht noch mehr Wasser gibt. Und *das* meinen wir, wenn wir sagen, dass Gott nicht lernen kann. Das Problem ist nicht, dass es ihm an Fähigkeiten mangeln würde, sondern dass es einfach kein Wissen und keine Informationen gibt, die er nicht bereits besitzt.

Der 139. Psalm ist eine atemberaubende Schilderung des Wissens, das Gott über den Psalmisten (David) hat. Bevor Sie weiterlesen, lesen Sie am besten den ganzen Psalm langsam und mit drei Fragen im Hinterkopf durch: a) Was weiß Gott? b) Woher weiß er dies? c) Welche Wirkung hat das auf David?

Lassen Sie uns nun gemeinsam durch den Psalm gehen:

Herr, du hast mich erforscht und erkannt.
Du kennst mein Sitzen und mein Aufstehen,
du verstehst mein Trachten von fern.

Mein Wandeln und mein Liegen – du prüfst es.
Mit allen meinen Wegen bist du vertraut. (Ps 139,1-3)

Das Thema des Psalms wird in V. 1 genannt: „Herr, du hast mich erforscht und erkannt." Es geht um Gottes Wissen – genauer: sein Wissen über den Psalmisten, König David.

Der Psalm beginnt eher harmlos, mit einem Wissen, das jeder einigermaßen gute Privatdetektiv auch haben könnte: „Du kennst mein Sitzen und mein Aufstehen."

Der nächste Satz rückt uns schon ein bisschen mehr auf die Pelle: „Du verstehst mein Trachten [Wollen] von fern." Aber auch dies liegt nicht völlig außerhalb unserer Alltagserfahrung. Die meisten von uns sind in der Lage, aus der Mimik und Körpersprache eines Menschen Rückschlüsse auf seine innere Verfassung zu ziehen, vor allem dann, wenn wir ihn gut kennen. „Du verstehst mein Trachten von fern" meint möglicherweise nicht mehr, als dass ich jemanden gut kenne und mich in ihn hineindenken kann.

Der dritte Vers führt uns zurück in das Revier des Privatdetektivs: „Mein Wandeln und mein Liegen – du prüfst es. Mit allen meinen Wegen bist du vertraut." Ein solches Wissen mal acht Milliarden (so viele Menschen gibt es mittlerweile auf unserem Planeten) – nicht schlecht. Es ist ein Datenvolumen, das man sich nicht vorstellen kann (und das Google gerne hätte). Aber wir befinden uns hier immer noch auf der Ebene des menschlichen Wissens, wenn auch in einem gigantischen Maßstab. Doch was als Nächstes kommt, stellt das Wissen Gottes in eine ganz andere Kategorie:

Denn das Wort ist noch nicht auf meiner Zunge –
siehe, Herr, du weißt es genau.

Von hinten und von vorn hast du mich umschlossen,
du hast deine Hand auf mich gelegt.
Zu wunderbar ist die Erkenntnis für mich,
zu hoch: Ich vermag sie nicht zu erfassen. (V. 4-6)

Plötzlich betreten wir eine andere Dimension, eine ganz andere Art von Wissen. Laut V. 4 weiß Gott nicht nur das, was *ist*, sondern auch das, was *sein wird*. David kommt in V. 15-16 auf dieses Thema zurück:

Nicht verborgen war mein Gebein vor dir,
als ich gemacht wurde im Verborgenen,
gewoben in den Tiefen der Erde.
Meine Urform sahen deine Augen.
Und in dein Buch waren sie alle eingeschrieben,
die Tage, die gebildet wurden,
als noch keiner von ihnen da war.

Schon bevor es einen David gab, den man kennen konnte, kannte Gott ihn, ja, mehr noch: Gott wusste *alles* über ihn; schon bevor Davids seinen ersten Atemzug machte, lag sein ganzes Leben wie ein offenes Buch vor Gott (V. 15).

Denken Sie mal darüber nach: Gott kennt Sie total, vom Anfang bis zum Ende Ihres Lebens! Er lernt Sie nicht nach und nach kennen, legt keine Akte über Sie an, die langsam immer dicker wird. *Schon jetzt* weiß er alles über sie (auch Ihre Zukunft) bis in die kleinsten Einzelheiten.

Unser Denken rebelliert instinktiv gegen solch ein Bild von Gott. Wir begreifen nicht, wie es mit der Art, wie wir den Ablauf der Zeit erfahren, zusammenpassen soll. Oder mit unserer

Freiheit: Wenn *das* hier wahr ist, sind wir dann überhaupt noch für das, was wir tun, selbst verantwortlich? Wir werden uns einigen dieser Dinge in späteren Kapiteln noch genauer zuwenden. Halten wir für den Augenblick nur fest: Wir haben den Psalmisten gefragt, was Gott weiß, und er hat geantwortet: „Alles." Und zu diesem „Alles" – so der Psalmist – gehören Dinge, von denen wir uns eigentlich nicht vorstellen können, dass sie jemand wissen kann.

Und es geht hier nicht nur um die Zukunft; Gott kennt auch unser Herz. Wenn David sagt, dass die Worte auf seiner Zunge Gott „genau" bekannt sind (V. 4), heißt dies doch, dass Gott mit allen Einzelheiten des Redens und Kommunizierens Davids vertraut ist. Er kennt nicht nur die Bedeutung der Worte oder des Tonfalls, in welchem David sie spricht, er sieht sozusagen die *Wurzeln* der Worte in Davids Herz und Sinn, noch bevor David einen Gedanken gefasst hat.

Und hier kommt die zweite der oben erwähnten Fragen ins Spiel: „*Woher* weiß Gott das?" Wie kann jemand Zugang zu solch einem Wissen haben? Wie ist etwas möglich, das so meilenweit jenseits unserer Alltagserfahrung liegt?

Vielleicht besteht unser Problem darin, dass wir uns Gott als eine vergrößerte Ausführung von uns selbst vorstellen; er sitzt da oben im Himmel und sammelt und ordnet Informationen mehr oder weniger so, wie ein Mensch das tut. Ein Teil unseres Wissens kommt aus unserer Intuition, aber das meiste – was für ein Tag gerade ist, wie Kühe riechen oder wo der Supermarkt ist – erhalten wir durch unsere Erfahrung, und so stellen wir uns vor, dass das bei Gott ähnlich ist. Wir stellen ihn uns vor, wie er Geräusche, Gerüche, Bilder usw. wahrnimmt und anschließend verarbeitet.

Schön, wir gehen davon aus, dass Gott nicht nur unsere fünf Sinne hat, sondern noch ein paar übernatürliche dazu. Jeder, der schon einmal still gebetet hat, dürfte davon ausgehen, dass Gott seine Gedanken lesen kann. Und das kann er auch – aber nicht ganz so, wie wir uns das vorstellen. Wir glauben, dass Gott die „Stimme" in unserem Kopf „hören" kann, und stellen uns den Inhalt unserer Gedanken als etwas vor, das Gott auf die eine oder andere Weise empfängt.

Doch dies erklärt nicht, wie Gott es schafft, Davids Worte bereits zu kennen, bevor sie auf seiner Zunge sind (V. 4). Davids *künftiges* Ich ist Gott *jetzt* schon bekannt – wie, darüber kann David nur spekulieren. Dies ist mehr als ein „Hören" von Davids innerem Monolog oder als ein Vermuten, was er als Nächstes sagen wird. Was uns zurückbringt zu der Frage: Woher weiß Gott das?

Die Antwort finden wir in V. 13. In den vorhergehenden Versen hat David alle Möglichkeiten ausgelotet, wie man sich vor Gott verstecken kann, und nichts gefunden: „Stiege ich zum Himmel hinauf ... bettete ich mich in dem Scheol ... ließe ich mich nieder am äußersten Ende des Meeres ... spräche ich: Nur Finsternis möge mich verbergen ..." Wo David auch hingeht, Gott ist schon da (V. 8), und „die Finsternis wäre wie das Licht" für ihn (V. 12). Vor Gott kann man sich nicht verstecken. Und dann, beginnend mit dem Wort „denn", beantwortet David unsere Frage. Der Grund dafür, dass Gott ohne irgendwelche Sinnesdaten alles weiß, ist:

Denn du bildetest meine Nieren.
Du wobst mich in meiner Mutter Leib.
Ich preise dich darüber, dass ich auf eine erstaunliche,

ausgezeichnete Weise gemacht bin.
Wunderbar sind deine Werke,
und meine Seele erkennt es sehr wohl.
Nicht verborgen war mein Gebein vor dir,
als ich gemacht wurde im Verborgenen,
gewoben in den Tiefen der Erde.
Meine Urform sahen deine Augen.
Und in dein Buch waren sie alle eingeschrieben,
die Tage, die gebildet wurden,
als noch keiner von ihnen da war. (Ps 139,13-16)

Wie kann Gott alles über uns wissen? Weil er uns erschaffen hat. Seine Art zu wissen ist unserer Art zu wissen genau entgegengesetzt. Der große nordafrikanische Theologe Augustinus hat dies in seinem Buch *Vom Gottesstaat* brillant auf den Punkt gebracht:

> *dass nämlich diese Welt uns nicht bekannt sein könnte, wäre sie nicht [da], dass sie jedoch nicht [da] sein könnte, wäre sie Gott nicht bekannt.*[5]

Hier liegt der Grund dafür, dass Gott nicht lernen kann. Er kennt die gesamte Realität, weil er sie erschaffen hat; es gibt somit keine Information, die er nicht bereits besitzt. Jede Bewegung jedes Moleküls, Atoms und subatomischen Partikels im gesamten Universum von dessen Anfang bis zu seinem Ende ist ihm bekannt, dazu sämtliche Interaktionen und Wirkungen zwischen all

---

5 Augustinus, *Vom Gottesstaat*, 11. Buch / Kap. 10 am Ende, 1978, Zürich (Artemis), Bd. 2, S. 20. Klammern hinzugefügt durch den Hg.

diesen durch den Raum jagenden Partikeln. Gott kennt sie alle. Er „entdeckt" sie nicht, denn er hat sie selbst gemacht. Er ist nicht so wie Sie und ich, er ist unvorstellbar groß.

All dies heißt, dass es uns nie gelingen wird, Gott wirklich zu begreifen, ihn sozusagen aus seiner Sicht zu sehen. Wir haben es mit einem Gott zu tun, der alles menschliche Verstehen übersteigt. Dabei sind wir als nach seinem Bild erschaffene Wesen optimal dafür ausgestattet, ihn zu erkennen und zu verstehen – doch selbst die genialsten Gehirne kommen, wenn sie versuchen, Gott zu begreifen, an einen Punkt, wo sie das Begreifen aufgeben müssen und nur noch anbeten können.

Und damit kommen wir zur dritten unserer einleitenden Fragen: Welche Wirkung hat das auf David? Nun, David ist vollkommen überwältigt von Gott:

Für mich aber – wie schwer sind deine Gedanken, Gott!
Wie gewaltig sind ihre Summen!
Wollte ich sie zählen, so sind sie zahlreicher als der Sand.
Ich erwache und bin noch bei dir. (Ps 139,17-18)

Versuchen Sie einmal, die Sandkörner zu zählen, die in einen Teelöffel passen. Fragen Sie sich als Nächstes, wie viele Teelöffel es braucht, um einen kleineren Sandkasten zu füllen. Und dann, wie viele Sandkästen an einem Meeresstrand Platz finden. Und schließlich, wie viele Strände die Sahara umfasst. Wenn wir (wie David) über die ungeheure Majestät von Gottes Wesen und Denken nachdenken, bleibt uns irgendwann nur noch die Anbetung.

Wahre Anbetung bedeutet, dass ich den oder das, was ich da verehre, als mein allerhöchstes Gut betrachte – und dass ich mithin alles, was sich diesem Gut widersetzt, als böse und bedrohlich empfinde. Wir alle wissen doch, wie es ist, wenn wir jemanden, den wir lieb haben, in Schutz nehmen, wenn er gerade von jemand anderem angegriffen wird. Das ist in etwa das, was in den Versen 19-22 von Psalm 139 vor sich geht:

Mögest du, Gott, den Gottlosen töten!
Ihr Blutmenschen, weicht von mir!
Sie, die mit Hinterlist von dir reden,
vergeblich die Hand gegen dich erheben!
Sollte ich nicht hassen, HERR, die dich hassen,
und sollte mir nicht ekeln vor denen, die gegen dich aufstehen?
Mit äußerstem Hass hasse ich sie.
Sie sind Feinde für mich.

David ist so von Gott gepackt, dass er die ganze Realität als etwas sieht, das sich um Gott dreht. Von diesem Standpunkt aus kann David gar nicht anders, als Sünde so zu sehen, wie Gott sie sieht: als Sturmangriff auf das Gute, als Kumpanei mit dem Bösen in seiner ganzen Leere und Finsternis. Das Böse widert ihn zutiefst an, und das Einzige, was Hilfe bringen kann, ist Gottes gerechtes Gericht.

Manche von uns tun sich schwer mit diesen Versen; sie glauben, in ihnen die finstere Selbstgerechtigkeit wiederzufinden, die die Kirche in ihren dunkelsten Stunden gekennzeichnet hat. Doch Davids Bitte um Gottes Gericht über die Bösen führt ihn zur Selbsterkenntnis. Er erkennt das ganze Böse der Sünde – und dies zeigt ihm, wie ernst seine *eigene* Sünde ist und wie dringend er *selbst* Vergebung und Reinigung braucht:

Erforsche mich, Gott, und erkenne mein Herz.
Prüfe mich und erkenne meine Gedanken!
Und sieh, ob ein Weg der Mühsal bei mir ist,
und leite mich auf dem ewigen Weg! (V. 23-24)

Im 139. Psalm führt David uns eine Einstellung vor, die das Leben jedes Christen prägen sollte: dass ich auf Gottes Güte traue, das ganze Elend der Sünde in meinem eigenen Herzen erkenne und einsehe, wie sehr ich Gottes Hilfe und Gnade brauche. Durch das Kreuz Christi betrachtet wird das Bild noch schärfer. Der geschundene Leib des Sohnes Gottes, der dort am Holz hing, verdeutlicht wie kein anderes Bild, wie sehr Gott Sünde zuwider ist. Er erinnert uns daran, dass das von David geforderte Gericht Gottes mit vollem Recht auf *uns* gefallen wäre, wäre Jesus nicht dazwischengetreten und hätte die Strafe auf sich genommen. Ein Christ, der es nicht lassen kann, andere zu verurteilen, kennt eigentlich weder sich selbst noch das Evangelium richtig.

Schauen wir uns einen Augenblick lang die andere Seite dieser Tatsache an. Der Gott, der nicht lernen kann, kennt bereits die tiefsten Tiefen unseres Herzens. Es gibt buchstäblich nichts, was ihm verborgen wäre, ja, was man vor ihm verbergen *könnte*. Die tiefsten Winkel Ihres Herzens, die Kellerräume, in die Sie niemanden, ja, noch nicht einmal sich selbst hineinlassen, sind für den Gott, der Sie erschaffen hat, wie ein offenes Buch. In ihrem brillanten Buch *Kreuzverhör* schreibt Rebecca McLaughlin: „Alle unsere Beziehungen hängen bis zu einem gewissen Grad davon ab, dass wir etwas verbergen.“[6] Doch es gibt *eine* Beziehung, wo

6 Rebecca McLaughlin, *Kreuzverhör* (Dillenburg: Christliche Verlagsgesellschaft, 2022), S. 312

das nicht so ist. Mein „Ich", für das Jesus ans Kreuz ging, ist nicht mein Sonntags-Ausgeh-Ich, sondern mein Alltags-Ich mit allen hässlichen Flecken, Ecken und Kanten. Es gibt nichts an mir, was Jesus nicht schon wüsste und was ihn schockieren könnte. Gott kennt mich durch und durch – und liebt mich trotzdem. Was für eine Befreiung! Was für eine Erleichterung!

Und dies führt uns zu einer weiteren Antwort auf die Frage: „Welche Wirkung hat Gottes Wissen auf David?", die wir bisher übersprungen haben. In V. 18 sagt David, als er über die schiere Größe des Wissens Gottes über sich nachsinnt: „Ich erwache und bin [immer] noch bei dir."

Wie reagiert David darauf, dass er es mit diesem Gott zu tun hat?

Richtig: Er kann ruhig schlafen.

KAPITEL 2

GOTT KANN NICHT ÜBERRASCHT WERDEN

„Aufgrund unvorhergesehener Umstände kann die geplante Hellseher-Messe leider nicht stattfinden." Dieser Witz hat einen langen Bart, und er illustriert unsere gemischten Gefühle gegenüber Zukunftsvorhersagen. Einerseits sind viele von uns fasziniert von der Möglichkeit zu sehen, was in der Zukunft kommt. Wir glauben instinktiv, dass es eine Zukunft gibt, die man erwarten kann, und würden gerne einen Blick darauf erhaschen. Viele verschlingen Romane und Filme über den Weltuntergang oder kommende Katastrophen. Manche konsultieren die Horoskop-Ecken in den Tageszeitungen, „für alle Fälle". Und doch betrachten andererseits viele von uns jeden mit tiefer Skepsis, der behauptet, in die Zukunft schauen zu können, denn wie will jemand etwas wissen, das es noch gar nicht gibt?

Aber Gott kennt die Zukunft wirklich. Wie wir in dem letzten Kapitel sahen, „kennt" Gott die Dinge schon, bevor sie existieren, ja, sie können nur existieren, weil er sie kennt. Wenn wir sagen, dass Gott nicht überrascht werden kann, meinen wir damit, dass Gott die Zukunft genauso perfekt kennt, wie er die Vergangenheit oder die Gegenwart kennt.

Und hierin liegt etwas sehr Tröstliches. Wenn wir etwas planen oder versprechen, geschieht dies immer unter Vorbehalt. Im

Frühjahr 2020 war mein Terminkalender voll. Ich war in dem guten Glauben, dass ich mich zu dem Termin A mit der Person B treffen würde, ja, ich hatte mehreren Paaren zugesagt, sie zu trauen. Doch dann kamen unvorhergesehene Umstände (in diesem Falle die Covid-Pandemie), und auf einmal konnte ich alle möglichen Dinge, die ich so schön geplant hatte, nicht mehr tun. Ganz anders Gott: Er kennt die Zukunft; seine Pläne können nicht vereitelt werden, weil etwas Unvorhergesehenes passiert ist. Wenn Gott etwas verspricht, dann weiß er, dass er es garantiert halten kann. Er kann nicht überrascht werden, und deshalb wird er uns nie hängen lassen.

So weit, so gut. Aber im Windschatten dieser tröstlichen Tatsache, dass Gott die Zukunft kennt, lauert eine Reihe von problematischen Konsequenzen. Wenn Gott die Zukunft immer schon kennt, bedeutet das nicht, dass die Zukunft von vornherein festgelegt ist – gewissermaßen vorprogrammiert? Wären Sie und ich dann überhaupt noch freie Menschen? Ich bilde mir ein, dass ich mich an dem Tag, an dem ich dieses Kapitel schrieb, entschieden habe, extra früher aufzustehen, bevor die Kinder wach waren, und Sie sind doch auch im besten Glauben, dass es Ihr freier Entschluss war, diese Zeilen hier in diesem Augenblick zu lesen – doch in Wirklichkeit folgten wir beide nur einem Drehbuch, das ein anderer vor Beginn der Welt geschrieben hat. Dann wären wir nicht frei, könnten nicht wählen, was wir tun. Wir wären wie Kirmesbesucher auf einer Achterbahn, die vor den Sitzen kleine Lenkräder haben; wer will, mag glauben, dass er das Ding selbst fahren kann, aber das ist natürlich nur eine Einbildung.

Kein sehr attraktives Bild vom Leben, nicht wahr? Wir gehen doch davon aus, dass Würde unter anderem Selbstbestimmung bedeutet; zu einem menschenwürdigen Leben gehört es, dass ich selbstständig handeln und eigene Entscheidungen treffen kann. Dies scheint auch der Bibel wichtig zu sein; schließlich ist Handlungsfreiheit eine der Voraussetzungen für Verantwortung. Wir schicken nicht die Axt ins Gefängnis, die den Nachbarn umgebracht hat, sondern den Menschen, der sie geschwungen hat. Die Axt kann nicht autonom handeln, also ist sie nicht schuldfähig. Und die Bibel sagt eindeutig, dass wir Menschen schuldfähig sind; wir *können* unsere Handlungen bestimmen (Röm 1,18-23).

Wie passt das zusammen mit der Vorstellung, dass Gott die Zukunft bereits vollkommen kennt? Manche Theologen suchen die Quadratur des Kreises in der Behauptung, dass Gott die Zukunft eben *nicht* kennt. Einer von ihnen ist Greg Boyd, der argumentiert, dass Gott ein perfektes Wissen von allem hat, was man wissen kann, aber da die Zukunft noch nicht existiert, kann man sie auch vorher nicht kennen:

> *Wenn uns Freiheit gegeben wurde, dann schaffen wir selbst die Realität unserer Entscheidungen, indem wir diese treffen. Und bevor wir sie treffen, existiert diese Realität auch nicht. Daher – zumindest sehe ich es so – gibt es schlichtweg nichts zu wissen, bis wir etwas tun, dass man wissen kann. Also kann Gott die guten oder schlechten Entscheidungen der Menschen, die er erschafft, nicht vorhersehen, bevor er sie erschafft und sie wiederum ihre Entscheidungen treffen.*[7]

Problem gelöst – oder doch nicht?

Nehmen wir die Josefsgeschichte in 1. Mose 37–50. Josef wird von seinen eifersüchtigen Brüdern als Sklave verkauft und

---

7 Gregory Boyd, *Letters from a Sceptic* (David C. Cook, 2008), S. 39.

auf wunderbaren Umwegen der Premierminister Ägyptens, der damaligen Großmacht. Er brachte ein Getreidespeicher-Projekt auf den Weg, das es Ägypten ermöglichte, eine nie dagewesene Hungersnot zu überstehen. Und schließlich wird er zum Retter seiner Brüder, die nach Ägypten kommen, um Getreide zu kaufen. Am Ende der Geschichte, als ihr Vater Jakob gestorben ist, sind die Brüder voll Furcht, dass Josef sich an ihnen rächen wird. Doch Josef sagt ihnen:

> *Habt keine Angst! Bin ich denn an Gottes Stelle? Ihr hattet zwar Böses mit mir vor, aber Gott hat es zum Guten gewendet, um zu erreichen, was heute geschieht: ein großes Volk am Leben zu erhalten. (1Mo 50,19-20; NeÜ)*

Wer ist in den Augen Josefs für das, was hier geschehen ist, verantwortlich? Die Sache ist nicht ganz einfach. Einerseits könnte man sagen, dass es Gott ist. Stand er nicht letztlich hinter dem Verhalten der bösen Brüder Josefs, die ihn nur deswegen als Sklaven verkauften, weil das profitabler für sie war als ein glatter Mord (1Mo 37,26-27)? Doch die andere Seite ist, dass Josefs Brüder ja das taten, was sie *wollten* („Ihr hattet Böses mit mir vor"). Hatte Gott nicht nur gewusst, was die Brüder tun würden, sondern es auf irgendeine Weise auch geplant und geschehen lassen? Josef scheint dies geglaubt zu haben. Doch dies heißt nicht, dass die Brüder das, was sie damals taten, nicht aus freien Stücken taten oder nicht dafür verantwortlich waren.

Diese beiden Gedanken – dass die Brüder ihrem eigenen Plan folgten *und* dass sie Gottes Plan ausführten – erscheinen uns unvereinbar. Wir sehen nicht, wie *beides* wahr sein kann, und an diesem Punkt kann uns die Position von Greg Boyd und anderen – sie wird auch als „offener Theismus" bezeichnet – attraktiv erscheinen. Aber wir sollten uns auch über ihre Kehrseite klar sein.

Wir erinnern uns an die Kritik Hilarius' von Poitiers an jenen Menschen, die etwas nicht glauben, weil es ihrer Überzeugung nach nicht geschehen kann. Wir müssen uns letztlich entscheiden, wem wir mehr vertrauen: dem Bibeltext oder unseren intuitiven *Überzeugungen*. Vor dieser Wahl stehen wir alle, wenn wir mit Dingen in Gottes Wesen und Handeln konfrontiert sind, die wir nicht verstehen – und wenn wir genau hinsehen, gibt es jede Menge davon. Wir müssen entscheiden, was für uns die höchste Autorität ist, wenn es um Gott geht. Die Antwort auf dieses Dilemma, die Hilarius in seinem Buch über die Dreieinigkeit gibt, ist die, die aller guten christlichen Theologie zugrunde liegt – auch diesem Buch, das Sie gerade lesen:

> *Da wir also über Gottes Dinge sprechen wollen, so wollen wir Gott die Erkenntnis seiner selbst zugestehen und seinen Worten in ehrfürchtiger Verehrung dienen. Denn ein für sich selbst geeigneter Zeuge ist, wer nicht anders als nur durch sich erkennbar ist.*[8]

Wir müssen uns also genau anschauen, was Gott in der Bibel über sich selbst, die Zukunft und uns gesagt hat. Die Bibel behauptet, dass Gott nicht überrascht werden kann. Er weiß absolut alles, was in der Zukunft seines Universums liegt. So lesen wir in Jesaja 44:

> *Wer ist mir gleich? Er soll sich melden,*
> *spreche es aus, beweise es mir!*
> *Wer ließ von Urzeiten an das Kommende hören?*

8 *Des heiligen Bischofs Hilarius von Poitiers zwölf Bücher über die Dreieinigkeit, I. Band (Buch I–VII)* (Verlag Josef Kösel & Friedrich Pustet, München 1933), S. 84 (= Buch I.18).

Sollen sie uns doch sagen, was alles noch kommt! (Jes 44,7; NeÜ)

Gott, der Schöpfer, kennt im Unterschied zu den Götzen der Nationen die Zukunft. In diesem Vers fordert er die Götzen der Nachbarvölker Israels (zu denen es Israel immer wieder hinzog) gewissermaßen zu einem Wettkampf heraus – einer Art Test im Fach Geschichte, nur dass die Hälfte der Fragen die Zukunft betrifft. Der Einzige, der diesen Test besteht, ist der Gott Abrahams, Isaaks und Jakobs; er weiß sämtliche richtige Antworten. Die Scheingötter der Heiden wissen sie nicht.

Es gibt in der Bibel ein paar Texte, die den Anschein erwecken, dass Gott etwas nicht kommen sah, z. B. in 1. Samuel 15,35, wo wir lesen, dass „es den HERRN reute, dass er Saul zum König über Israel gemacht hatte". Doch die Zahl der Texte, die davon ausgehen, dass Gott die ganze Zukunft kennt, ist sehr viel größer. Steve Roy, ein Theologe der Trinity Evangelical Divinity School, hat über 4500 Texte ausgewertet, die von Gottes detailliertem Wissen oder seiner Herrschaft über die Zukunft sprechen. Dagegen findet er lediglich 105 Texte (wie der gerade zitierte Vers aus 1Sam 15,35), die darauf hinzudeuten scheinen, dass Gott die Zukunft nicht völlig kennt oder nach neuen Informationen sein Handeln ändert.

Falls diese 105 Texte tatsächlich Gottes Vorauskenntnis der Zukunft verneinen, haben wir natürlich das Problem, dass die Bibel sich selbst widerspricht. Wir werden in einem späteren Kapitel noch auf das Zitat aus 1. Samuel zurückkommen, und ich bin zuversichtlich, dass ich dann Ihre Bedenken zerstreuen kann; halten wir zunächst nur fest, dass weder dieses noch andere Bibelzitate behaupten, dass Gott die Zukunft vom Standpunkt des Menschen her nicht kennt. Ihn kann wirklich nichts überraschen.

Und doch gibt es, wie ich glaube, gute Gründe für die Behauptung, dass Gott die Zukunft nicht kennt.

Ich höre, wie Sie jetzt protestieren: „Einen Augenblick mal! Sagten Sie nicht gerade eben, dass Gott die Zukunft vollkommen kennt?" Ja, das habe ich gesagt. Aber wir haben es hier mit einer Frage der Perspektive zu tun. Das Problem, mit dem wir gerade kämpfen, entsteht letztlich durch die Beschaffenheit von Zeit.

Einerseits ist es, wie Greg Boyd schreibt, tatsächlich logisch unmöglich, die Zukunft zu kennen, denn sie existiert ja noch gar nicht, und was es nicht gibt, kann man nicht wissen. Es ist ein bisschen wie die alte Redensart, dass „morgen nie kommt". Was jetzt „heute" ist, war gestern „morgen", und das „Heute", in welchem ich diese Zeilen schreibe, ist für Sie bereits „gestern", und wenn Sie es jetzt lesen, tun Sie dies zu einem Zeitpunkt, der aus der Perspektive meines Schreibens dem „Morgen" entspricht, aber aus Ihrer Perspektive als Leser dem „Heute". Kein Wunder, dass Aurelius Augustinus, einer der klügsten Männer aller Zeiten, in seinen *Bekenntnissen* schreibt:

> *Was also ist die Zeit? Wenn niemand mich danach fragt, weiß ich's, will ich's aber einem Fragenden erklären, weiß ich's nicht.*[9]

Wenn wir versuchen zu definieren, was Zeit ist, fühlen wir uns rasch wie der Fisch, den man bittet zu erklären, was Wasser ist, und das Gesicht, das wir dabei machen, ähnelt verdächtig dem des Fischs (offener Mund, perplexe Augen).

---

9 Aurelius Augustinus, *Bekenntnisse* (München: dtv, 1982), S. 312 (= 11. Buch).

Wenn es um die Zeit und Gott geht, wird es noch schwieriger. Das liegt daran, dass Gott zeit-los ist; er existiert außerhalb und unabhängig von ihr. Der erste Satz der Bibel lautet: „Im Anfang schuf Gott den Himmel und die Erde" (1Mo 1,1). Dieser „Anfang" ist sozusagen der Startschuss für die Welt, der Beginn der Zeit selbst. In seiner *Kurzen Geschichte der Zeit* formuliert Stephen Hawking es folgendermaßen: „Wie wir noch sehen werden, ist ein Zeitbegriff vor Beginn des Universums sinnlos."[10] Was im Grunde schon Augustinus wusste:

> *Oder was hätten das für Zeiten sein können, die nicht von dir geschaffen wären? [...] Denn eben diese Zeit hattest du geschaffen, und es konnten keine Zeiten vorübergehen, ehe du die Zeiten schufst.*[11]

Zeit und Raum gehören zusammen; beide sind Aspekte der geschaffenen Ordnung. Und Gott existiert unabhängig von ihnen; er ist zeit-los.

Dieses Außerhalb-der-Zeit-Sein Gottes bedeutet, dass er die Dinge nicht nacheinander erkennt, sondern sofort und gleichzeitig. (Aber Achtung: Ich kann dies noch nicht einmal formulieren, ohne so etwas wie Zeit vorauszusetzen!) Das, was aus unserer Perspektive Vergangenheit, Gegenwart oder Zukunft ist, ist für Gott alles gleich gegenwärtig. Die Geschichte der Welt entfaltet sich nicht vor seinen Augen, sondern er überblickt sie in einem einzigen Akt des Wissens. In einem gewissen Sinne kennt Gott keine „Zukunft", sondern er weiß einfach alles, was man

---

10 Stephen Hawking, *Eine kurze Geschichte der Zeit* (Reinbek: Rowohlt, 1988), S. 22.

11 Augustinus, *Bekenntnisse*, S. 311 (= 11. Buch).

wissen kann, einschließlich der Positionen, Bewegungen und Wechselwirkungen sämtlicher subatomischer Partikel, vom Anfang bis zum Ende der Zeit.

Die Behauptung, dass Gott nicht überrascht werden kann, ist eigentlich nur eine Konsequenz aus der Aussage, dass er nicht lernen kann. Er weiß nicht nur alles, was es zu wissen gibt, sondern auch alles, was seine Geschöpfe nicht wissen können.

Dies macht unser Denken über Gott schwierig. Wir können uns ja gar nicht vorstellen, wie das ist oder was es bedeutet, außerhalb der Zeit zu stehen. Unsere ganze Sprache ist so „zeitgeladen", dass wir eigentlich nicht die richtigen Worte dafür haben, um über Gottes Wesen zu sprechen. Ausdrücke wie „zeitlos" oder „ewig" helfen etwas, sind aber mehr Negationen, die ausdrücken, was Gottes Wesen *nicht* ist.

All dies bringt uns zurück zu der Tatsache, dass Gott nicht ist wie wir. Selbst die allerbesten menschlichen Gehirne sind zu winzig, um Gott in seinem ganzen Wesen erfassen zu können. Seine Beziehung zur Zeit ist so unvorstellbar anders als alles, was wir kennen oder uns vorstellen können, dass wir nur staunend dastehen und zugeben müssen, dass wir Gott nie wirklich begreifen werden. Tatsache ist: Unseren Gott können wir nur dann wirklich erkennen, wenn wir uns darüber klar werden, dass wir ihn nicht mit unseren Mitteln erkennen können. Wie hatte Hilarius noch gesagt? Gottes bester Zeuge ist er selbst.

Diesen Gott zu kennen, den nichts überraschen kann, ist das Geheimnis eines getrosten Lebens in einer Welt der Unsicherheit. Die Musik in den westlichen Ländern spielt zurzeit in Moll. Woody Allen ist eine, gelinde gesagt, kontroverse Persönlichkeit, aber er hat es immer meisterhaft verstanden, der Lebensangst der modernen Welt eine Stimme zu geben. In seiner Essay-Sammlung

Side Effects (1980)[12] schrieb er: „Die Menschheit steht heute mehr als je zuvor in ihrer Geschichte vor einer Wegscheide. Der eine Weg führt in die totale Verzweiflung und Hoffnungslosigkeit, der andere in den totalen Untergang. Lasst uns um die Weisheit beten, den richtigen Weg zu wählen." Über 40 Jahre später passt dieses Statement noch besser zu unserer Situation als zu den letzten Tagen des Kalten Krieges, für die es ursprünglich gedacht war.

Die Gefahren und Bedrohungen haben sich in den letzten vier Jahrzehnten verändert, aber die Stimmung ist die gleiche geblieben. Vor allem von vielen jungen Leuten wird heute der Klimawandel als so bedrohlich wahrgenommen, dass sich eine einflussreiche neue Bewegung den Namen „Extinction Rebellion" – Aufstand gegen das Aussterben – gegeben hat. Die Zukunftsangst, die in diesem Ausdruck steckt, ist greifbar. Und während ich diese Zeilen schreibe, befinden wir uns in einer weltweiten Krise des öffentlichen Gesundheitswesens, die die menschliche Zivilisation für eine ganze Generation verändern könnte. Wer gegen die Klimaangst immun ist, der hat in Covid-19 einen Grund zum Verzweifeln gefunden. Wie der berühmte Ökonom John Maynard Keynes schon 1929 sagte: „Früher oder später sind wir alle tot."[13] In einer Welt ohne Gott ist Zukunftsoptimismus ein Zeichen dafür, dass man nicht weit genug vorausschaut.

Aber wenn ich an der Hand des Gottes durchs Leben gehe, der die Zukunft längst kennt, ja, der uns Verheißungen über sie gegeben hat, dann kann ich am Ende jedes Tages mit Frieden im Herzen zu Bett gehen. Stellen Sie sich vor, Sie gehen mit einem

---

12 Dt. *Nebenwirkungen* (Rowohlt, 1983), hier übersetzt aus dem Englischen.

13 John Maynard Keynes, *A Tract on Monetary Reform* (Macmillan and Co., 1929), S. 80.

Freund ins Kino. Es kommt ein Augenblick, da die Heldin vor dem sicheren Tod zu stehen scheint, und Ihr Magen verknotet sich. Da beugt Ihr Freund sich zu Ihnen und flüstert: „Keine Angst, am Ende wird alles gut.“ Dieser Satz macht keinen Sinn, wenn Ihr Freund den Film noch nie bis zum Ende gesehen hat. Aber wenn er ihn schon kennt, werden Sie seine Bemerkung beruhigend finden (oder ärgerlich, wenn Sie keine Spoiler mögen, die alles vorher verraten).

Wenn Gott sagt: „Ich will dich nicht aufgeben und dich nicht verlassen“ (Hebr 13,5), ist das kein bloßes Versprechen, denn Gott hat den Film schon zu Ende gesehen und weiß, wie die Geschichte ausgeht. Es ist nicht einfach so, dass er Ihnen für die Gegenwart tröstend seine Treue zusagt und sich gar nicht vorstellen kann, wie dies in der Zukunft jemals anders werden könnte; er weiß, dass es nicht anders werden wird. Er kennt die ganze Geschichte Ihres Lebens bereits, und dieses „Ich will dich nicht verlassen“ ist weniger ein großartiges Versprechen, sondern vielmehr die Feststellung einer Tatsache.

Und so können wir mit dem Apostel Paulus sagen:

> *Denn ich bin überzeugt: Weder Tod noch Leben, weder Engel noch Teufel, weder Gegenwärtiges noch Zukünftiges, weder hohe Kräfte noch tiefe Gewalten – nichts in der ganzen Schöpfung kann uns von der Liebe Gottes trennen, die uns verbürgt ist in Christus Jesus, unserem Herrn. (Röm 8,38-39; NeÜ)*

Noch nicht einmal die Zukunft kann uns von der Liebe des Gottes trennen, der schon dort war.

KAPITEL 3

GOTT KANN SEINE MEINUNG NICHT ÄNDERN

Im Oktober 1980 musste die britische Premierministerin Margaret Thatcher feststellen, dass die Wirtschaftspolitik ihrer Regierung unter Beschuss stand. Die Arbeitslosigkeit stieg, die Wirtschaft schrumpfte, und die Rufe nach einem Kurswechsel wurden lauter. In einer Rede auf dem Parteitag der Konservativen Partei kommentierte Thatcher die erwartete „Kehrtwende" mit einem Satz, der ihre Amtszeit definieren sollte: „Sie können sich gerne drehen, wie Sie wollen, aber diese Dame lässt sich nicht verbiegen!"

Für ihre Anhänger war dies ein Beweis ihrer Entschlossenheit, ihrer Führungskompetenz und letztlich ihrer Stärke. Wir wollen Politiker, die wirklich führen, und dies tat Margaret Thatcher eindeutig. Doch was ihre Anhänger als Führungsstärke sahen, deuteten ihre Gegner als Starrsinn. Ihre Weigerung, ihren Kurs zu ändern, war für diese der Ausdruck einer Ideologie, die nicht funktionierte. Für sie war Mrs. Thatcher lernunfähig. Wie es manchmal heißt: „Wenn die Fakten sich ändern, muss ich meine Meinung ändern." In einer sich verändernden Welt gilt jemand, der nie seine Meinung ändert, eher als krank, nicht als vorbildlich.

Egal, wo wir politisch stehen – es ist offensichtlich, dass die Fähigkeit, seine Meinung zu ändern, ein zweischneidiges Schwert sein kann, und das nicht nur in der Politik. Wenn eine Person, die eine Führungsposition innehat, sich nie ändert, gilt sie als stur und verbohrt; ändert sie sich bei jeder passenden Gelegenheit, gilt sie als unsicherer Wendehals.

Was wir von unseren Führungspersonen wirklich erwarten, ist eiserne Entschlossenheit, verbunden mit einer gesunden Dosis Realitätssinn. Der ideale Anführer ist bereit, seine Position zu ändern, wenn die Fakten es verlangen – aber bitte nur dann!

Aber noch besser wäre eine Führungspersönlichkeit, die von vornherein über sämtliche Informationen verfügt, die intuitiv weiß, was sie angesichts dieser Informationen zu tun hat, und die folglich nie eine „Kehrtwende" vollziehen muss. Doch wir alle wissen, dass kein Sterblicher uns dies bieten kann. Als Menschen können wir ständig Opfer dessen werden, was der Statistiker und Autor Nassim Nicholas Taleb „schwarze Schwäne" genannt hat. Sie kennen diesen Ausdruck noch nicht? Nun, im gesamten Mittelalter und bis in die Neuzeit hinein glaubte man in Europa, dass Schwäne weiß sind. *Alle* Schwäne. Man glaubte dies so fest, dass der Ausdruck „wie ein schwarzer Schwan" etwas bezeichnete, das völlig unmöglich war. Doch dann, im Jahre 1697, kam der niederländische Seefahrer und Entdecker Willem de Vlamingh nach Westaustralien, und dort sah er auf dem Fluss, der durch das heutige Perth fließt, als erster Europäer das Unvorstellbare: einen schwarzen Schwan. Taleb benutzte diese Begebenheit als Aufhänger für sein bekanntes Buch *Der schwarze Schwan,* das die Grenzen menschlichen Wissens beim Treffen von Vorhersagen und Planen von Maßnahmen aufzeigt. Die wichtigsten Ereignisse, die unser Leben und unsere Wirtschaft prägen, sind genau solche „schwarzen Schwäne" – Dinge, die absolut unvorhersehbar und unberechenbar sind.

Also: Kein menschlicher Politiker oder Wirtschaftsboss verfügt über so viel Information, dass er nie seine Position ändern muss. Die vorhandene Information verändert sich ständig, auf unvorhersehbare und unberechenbare Art.

Aber Gott ist nicht wie wir Menschen. Er ändert seine Meinung nicht – und zwar deswegen, *weil* er nicht so ist wie wir. Diese beiden Aussagen finden wir in der Bibel oft direkt nebeneinander, zum Beispiel so: „Er, der Ruhm seines Volkes Israel, lügt nicht, und es tut ihm auch nicht leid. Er ist nicht wie ein Mensch, der seine Entscheidung bereut" (1Sam 15,29; NeÜ).

Es ist nicht nur so, dass Gott nie seine Meinung ändert – er kann das gar nicht. Warum ändern Menschen ihre Meinung? Der Impuls dazu muss entweder von innen oder von außen kommen. Entweder etwas in mir ändert sich (der Anlass kann etwas so Banales wie eine schlaflose Nacht sein), oder die Umstände ändern sich; so habe ich heute Morgen meine Meinung geändert, was ich anziehen sollte, als ich feststellte, dass es draußen viel kälter war, als der Wetterbericht gestern vorausgesagt hatte.

Bei Gott gibt es weder innere noch äußere Anlässe dafür, dass er seine Meinung ändern muss. Wenn er wirklich der große „Ich bin" ist – also der, der für ewig der ist, der er ist –, dann ist es unmöglich, dass er sich aus einem inneren Anlass heraus ändert, denn für ein vollkommenes Wesen kann jede Veränderung nur eine Veränderung zum Schlechteren sein. Und auch eine Veränderung aus äußerem Anlass ist unmöglich, da sie bedeuten würde, dass Gott neue Informationen bekommen hat, und wir sahen bereits, dass Gott nicht lernen oder überrascht werden kann. Er erhält nie „neue" Information, sodass er nie einen äußeren Anlass dafür haben kann, seine Meinung zu ändern.

„Aber halt", sagen Sie jetzt vielleicht, „gibt es nicht Stellen in der Bibel, wo Gott es sich doch anders überlegt?" Zum Beispiel 2. Mose 32. Gott hat sein Volk aus der Sklaverei in Ägypten befreit, durch das Schilfmeer geführt und zum Sinai gebracht. Dort steigt Mose zum Gipfel des Berges hoch, um Gott zu begegnen und zu hören, wie sein Volk mit ihm leben soll. Doch während er fort ist, macht sich das Volk einen Götzen – das Goldene Kalb. Gottes Zorn entbrennt, und er beschließt, das Volk auszulöschen, um mit Mose einen Neuanfang zu wagen.

In dieser Situation tritt Mose bei Gott für das Volk ein und bittet ihn, es zu verschonen. Und schließlich hört Gott auf ihn: „Da gereute den HERRN das Unheil, von dem er gesagt hatte, er werde es seinem Volk antun" (2Mo 32,14). Mit anderen Worten: Gott änderte seine Meinung.

Doch wenn wir uns das Gebet Moses anschauen, erscheint die ganze Szene in einem etwas anderen Licht. Mose sagt:

> *Denke an deine Knechte Abraham, Isaak und Israel, denen du bei dir selbst geschworen und denen du gesagt hast: Ich will eure Nachkommen so zahlreich machen wie die Sterne des Himmels, und dieses ganze Land, von dem ich gesagt habe: „Ich werde es euren Nachkommen geben", das werden sie für ewig in Besitz nehmen. (2Mo 32,13)*

Mit anderen Worten: Anstatt Gott zu bitten, seine Meinung zu ändern, bittet Mose sogar darum, dass er dies *nicht* tut.

Bereits im vergangenen Kapitel erwähnten wir 1. Samuel 15,35, wo es heißt, dass „es den HERRN reute, dass er Saul zum König über Israel gemacht hatte". Auch hier scheint Gott seine Meinung geändert zu haben – und auch hier wird dies von dem Kontext, in dem der Vers steht, relativiert. Ganze sechs Verse vorher macht Samuel gegenüber Saul die folgende prophetische Aussage: „Auch lügt der nicht, der Israels Ruhm ist, und es gereut ihn nicht. Denn nicht ein Mensch ist er, dass ihn etwas gereuen könnte“ (1Sam 15,29). Entweder war der Verfasser des 1. Samuelbuches sehr inkonsequent und hat schlampig gearbeitet, oder die Aussage, dass es Gott „reute“, soll uns mehr über Gottes Bedauern zu Sauls Versagen als König sagen als über seine eigenen früheren Entscheidungen.

Das ist die wichtigste Botschaft, die wir aus diesem Kapitel mitnehmen können: Gott kann seine Meinung nicht ändern. Aber warum ist dies so wichtig?

Bitte glauben Sie nicht, dieses Thema sei zu abstrakt für Ihr Leben als normaler Christ. Wir sind manchmal zu schnell dabei, etwas nur dann für wertvoll zu halten, wenn es direkt „nützlich“ ist. Wenn wir nicht sofort sehen, dass etwas ein Problem von uns löst oder uns für den Alltag fit oder irgendwie „besser“ macht, kommen wir leicht zu dem Schluss, dass man dafür keine Zeit verschwenden sollte. Doch wer so denkt, urteilt vorschnell.

Ampeln sind zweifellos nützlich; sie verhindern Unfälle und halten den Verkehr am Fließen. Aber wie „nützlich“ ist Michelangelos „David“? Die Skulptur hat keine ebenen Flächen, auf denen man etwas ablegen könnte, und sie produziert auch nichts. Aber wir wissen instinktiv, dass dieses bildhauerische Meisterwerk einen größeren Wert für die Menschheit darstellt als die schönste Ampelkreuzung. Letzten Monat demolierte ein fahrlässiger Fahrer die Ampel vor unserem Haus (nein, ich war es nicht). Der Vorfall schaffte es nicht mal in die Zeitung. Aber als 1991 ein gewisser Piero Cannata mit einem Hammer, den er unter seinem Mantel versteckt hatte, auf die David-Statue einschlug und die Zehen des linken Fußes beschädigte, ging die Nachricht um die ganze Welt. Schönheit und das Gute haben einen inneren Wert, der alles Nützlichkeitsdenken weit übersteigt. Schon die Bäume im Garten Eden trugen nicht nur Früchte, sondern waren auch schön anzuschauen. Das Reich Gottes ist nicht nur auf Nützlichkeit ausgerichtet.

Was ich damit sagen will? Das Herz des christlichen Lebens ist die Anbetung Gottes und die Hingabe an ihn. Wir beten Gott an, weil er der ist, der er ist. Alles, was es über ihn zu wissen gibt, ist es wert, dass man es erfährt. Jede Wahrheit, die ich über Gott erfahre, bedeutet eine enorme Bereicherung für mich, auch wenn ich nicht sofort erkenne, was sie für mein Leben „bringt". Wenn sie mein Staunen über Gott vermehrt und mich daran erinnert, wie viel größer er ist als alles andere in der Schöpfung, dann hat sie einen unendlichen Wert.

Solange ich mir Gott so vorstelle, dass er „so ist wie ich, nur viel größer", weiß ich nicht, was wahre Anbetung ist. Solange ich meine, ihn mit mir vergleichen zu können, ist meine Verehrung von ihm die eines Fans und nicht die eines Geschöpfes. Gottes Wissen ist in seiner Art und seiner Größe so, dass ich es mir nicht im Entferntesten vorstellen kann, geschweige denn, dass ich darauf spekulieren könnte, ein ähnliches Wissen zu bekommen wie er. Der Gott, der mich erschaffen hat, übersteigt meine gesamte Vorstellungskraft, aber er kennt mich, er liebt mich und es ist ihm so wichtig, eine Beziehung zu mir zu haben, dass er einen Weg gefunden hat, um sich meinem winzigen Gehirn zu offenbaren. Ich werde einmal die Ewigkeit damit verbringen, ihn immer besser kennenzulernen, und nie damit zum Ende kommen. Unaufhörlich werde ich immer neue und tiefere Gründe dafür entdecken, ihm alle Ehre zu geben. Wenn mein Lobpreis Gottes im Alltag ohne Staunen ist, dann hat er wenig gemein mit dem Lobpreis des Himmels.

Dies bedeutet nicht, dass wir hier über rein abstrakte Ideen über Gott reden, die nichts mit dem wirklichen Leben zu tun haben! In der Bibel ist die Tatsache, dass Gott seine Meinung nicht ändert, etwas, das die Gewissheit seiner Verheißungen garantiert. Nehmen wir nur die Geschichte Bileams, der vom Moabiterkönig Balak den Auftrag bekam, die Israeliten zu verfluchen, die vor den Toren des verheißenen Landes kampierten (4Mo 22–24). Was Balak auch anstellte, damit Bileam Gottes Volk verfluchte, Bileam konnte es nur segnen. Bei dem zweiten Versuch eines Fluches legte Gott folgende Botschaft in Bileams Mund:

> *Nicht ein Mensch ist Gott, dass er lügt, noch der Sohn eines Menschen, dass er bereut. Sollte er gesprochen haben und es nicht tun und geredet haben und es nicht halten? (4Mo 23,19)*

Diese rhetorischen Fragen unterstreichen, dass der, der auf Gott vertraut, auf absolutem Felsengrund steht. Wenn Gott gesprochen hat, ist die Sache erledigt. Bei uns zu Hause entsteht viel Frust dadurch, dass ich immer wieder (mit den besten Absichten) sage: „Ja, ja, ich werde das machen!" – und dann habe ich keine Zeit, und die Sache bleibt unerledigt, und meinen schönen Versprechungen zum Trotz wird das Bücherregal nicht an die Wand gedübelt, der Mülleimer in der Küche quillt weiter über, und die Wäsche auf der Leine im Garten wird zum zweiten Mal „gewaschen". Aber Gott ist nicht so wie ich; was er sagt, das tut er. Wenn er versprochen hat, sein Volk zu segnen, kann nichts und niemand das verhindern. Unsere Feinde können tun, was sie wollen (wie damals bei Bileam), um Gottes Verheißungen zunichtezumachen – was Gott sagt, das geschieht. Immer. Seine Worte drücken seinen Willen aus, und er macht keine Kehrtwenden.

Gott ändert seine Meinung nicht, er kann es auch gar nicht. Er steht nie mit schlechter Laune auf. Er vergisst keine Zusage, kein Gespräch. Er wird niemals etwas finden, das ihm besser in den Kram passt, als seine Verheißungen an Sie und mich zu halten. Er wird nie jemanden finden, den er interessanter oder mehr seiner Mühe wert findet als Sie und mich. Er lässt sich niemals von neuen Fakten oder von dem, was die Leute denken, umstimmen. Er versucht nie, sich den Rücken freizuhalten, falls es doch noch anders kommen sollte, als er dachte. Er ist treu in seiner Liebe, entschlossen in seiner Gerechtigkeit und konsequent in seinen Plänen. Nichts und niemand kann ihn aus der Bahn werfen.

Und so ist Gottes Unfähigkeit, seine Meinung zu ändern, das, was seine Leute ruhig schlafen lässt. Wir wissen, dass er keine einzige Verheißung, die er gegeben, und kein Wort, das er gesprochen hat, zurücknehmen wird. Wir können unser ganzes Leben auf sein Wort aufbauen und ihm vorbehaltlos vertrauen.

Der Brief an die Hebräer richtet sich an Christen, die verfolgt wurden und versucht waren, die Sache mit Jesus aufzugeben. Die zentrale Aussage des Verfassers ist, dass allein Jesus uns bleibenden Frieden mit Gott geben kann, weil er einen neuen, besseren Bund gestiftet hat, der nicht gebrochen werden kann. Wer Jesus verlässt, der verlässt Gott. Der Verfasser belegt seine Argumentation unter anderem mit dem vierten Vers des 110. Psalms, in welchem David seinen Blick prophetisch auf den Nachkommen von ihm lenkt, der Priester *und* König sein wird:

Der Herr hat geschworen:
„Du sollst für immer Priester sein",
Und er wird seine Zusage nie zurücknehmen. (Hebr 7,21; NGÜ; vgl. Ps 110,4)

Der Verfasser des Hebräerbriefs zitiert diesen Psalmvers, um die Gewissheit der Verheißungen zu unterstreichen, die Gott durch Jesus gibt. Er fährt fort: „Dieser Schwur macht unmissverständlich deutlich, dass Jesus der Garant eines besseren Bundes ist“ (Hebr 7,22; NGÜ). Das Wort „Garant“ (ELB: „Bürge“) ist ein sehr starkes Wort. Es bezeichnet jemanden, der sämtliche juristischen Folgen einer Schuld oder Verpflichtung übernimmt, die jemand anderes eingegangen ist. Der Garant bzw. Bürge konnte buchstäblich ins Gefängnis kommen oder in die Sklaverei geraten, weil auf ihn die gleichen Strafen fielen wie auf den, für den er bürgte.[14] Unser Bürge ist Jesus persönlich, der Sohn Gottes; er garantiert uns absolut, dass Gott uns als seine Kinder annimmt. Was er für uns getan hat, steht unerschütterlich fest, weil es in einem Schwur Gottes gründet, und Gott ändert seine Meinung nicht.

Gewissheit ist etwas ungeheuer Tröstliches. Wir alle wissen, wie nervös man ist, wenn man etwas zugesagt bekommen hat und es noch nicht da ist. „Das glaube ich erst, wenn ich es sehe“, hört man dann manchmal. In der Seelsorge begegne ich immer wieder Menschen, die sich mit der Frage quälen, ob sie das, was Jesus ihnen verheißen hat, auch tatsächlich bekommen werden. Dies ist eine der ganz großen Nöte unter Christen. Ich weiß nicht, wie oft ich einen schwerkranken treuen Christen gefragt habe, ob er bereit war, zu Gott zu gehen, nur um eine Antwort im Sinne von „Na ja, ich hoffe halt, dass er mich annimmt“ zu hören.

„Ich bin *gewiss,* dass ich das ewige Leben habe“ – ist das nicht zu schön, um wahr zu sein? Ist so eine Gewissheit nicht anmaßend? Aber Gott lässt keinen Zweifel daran, dass wir gewiss

14 Vgl. Ceslas Spicq und James D. Ernest, *Theological Lexicon of the New Testament* (Hendrickson Publishers, 1994), S. 392.

sein *können*. Wenn Sie sich in Jesu Hände begeben, ist Ihr Platz in Gottes Reich so gewiss wie seiner, da gibt es kein „vielleicht“ oder „hoffentlich“ oder „wahrscheinlich schon“ mehr.

Der Apostel Paulus hat sich nicht gescheut, von dieser Gewissheit zu sprechen. In Römer 8,29-30 beginnt er damit, dass Christen Menschen sind, die von Gott „vorher erkannt“ sind, und dann fährt er mit einer ununterbrochenen Kette von Heilstaten fort und endet mit der Aussage: „Diese hat er auch verherrlicht.“ Die Herrlichkeit ist etwas, das für uns noch in der Zukunft liegt, etwas, das bei der Wiederkunft Jesu kommt, wenn alles, was er für die Seinen erworben hat, ihnen endgültig zukommt und wir Gott von Angesicht zu Angesicht sehen werden. Aber Paulus redet hier in der Vergangenheitsform („hat ... verherrlicht“), wie über etwas, das bereits geschehen ist. Warum das? Weil Gott seine Meinung nicht ändert. Was er begonnen hat, das führt er durch bis zum Ende. Er spricht keine Worte, denen er keine Taten folgen lässt. Wir können ruhig schlafen – und einst in Frieden ruhen –, weil auf Gottes Verheißungen absolut Verlass ist.

ZWEITES ZWISCHENSPIEL: GOTT GING ZUR SCHULE

Wir wissen sehr wenig über die Kindheit Jesu. Das einzige Evangelium, das über mehr berichtet als seine Geburt und die unmittelbar darauffolgenden Ereignisse, ist das Lukasevangelium. Lukas erzählt von dem zwölfjährigen Jesus in Jerusalem.

Es ist eine Geschichte, die wohl bei allen Eltern eine Saite anklingen lässt. Ich selbst habe es mehrmals erlebt, das unheimliche Gefühl: „Wo ist unser Kind?" Einmal, direkt nach dem Gottesdienst, schloss sich unsere damals dreijährige Tochter selbst in einem Schrank im Flur ein, um leise zu lesen, während ihre Eltern etwas zu lange beim Kirchenkaffee plauderten. Als wir dann merkten, dass sie nicht mehr da war, folgten einige Minuten panisches Suchen. War sie aus der Gemeinde ausgebüxt? Ich sprintete durch die Straßen der Umgebung und betete: „Gott, gibt, dass dem Kind nichts passiert ist!“ Ich muss wieder an die Gefühle der Ohnmacht und Verzweiflung denken, das mich damals überfiel, wenn ich mir versuche vorzustellen, wie Maria und Josef drei Tage lang die überfüllten Gassen von Jerusalem nach ihrem Sohn durchkämmten.

Was für eine Erleichterung muss es gewesen sein, als sie ihn endlich fanden!

Und es geschah, dass sie ihn nach drei Tagen im Tempel fanden, wie er inmitten der Lehrer saß und ihnen zuhörte und sie befragte. Alle aber, die ihn hörten, gerieten außer sich über sein Verständnis und seine Antworten. (Lk 2,46-47)

Lukas lässt uns meisterhaft die überaus irdische Realität dieser Situation spüren, indem er dem Staunen der Zuhörer die Verzweiflung der Eltern Jesu gegenüberstellt:

Und als sie ihn sahen, wurden sie bestürzt; und seine Mutter sprach zu ihm: Kind, warum hast du uns das getan? Siehe, dein Vater und ich haben dich mit Schmerzen gesucht. (V. 48)

Es folgt der Höhepunkt dieser Begebenheit. Jesus fragt seine Eltern, warum sie ihn überhaupt gesucht haben. „Wusstet ihr nicht, dass ich im Haus meines Vaters sein muss?“ (V. 49; NGÜ). Für den heutigen Leser des Lukasevangeliums, der ein, zwei Seiten vorher von der wunderbaren Geburt Jesu gelesen hat, klingt das alles plausibel. Aber Jesu Eltern begriffen nicht, was er da sagte, obwohl seine Mutter „alle diese Worte in ihrem Herzen“ bewahrte (V. 50-51).

Nach zwei Jahrtausenden, in denen in aller Welt Millionen und Abermillionen von Menschen diesen Jesus als Gott selbst erkannt und angebetet haben und ganze Zivilisationen um die Anbetung herum aufgebaut und umgestaltet wurden, ist das erstaunliche religiöse Wissen des zwölfjährigen Jesus im Tempel das, was für uns an dieser Geschichte am einfachsten zu begreifen ist. Aber die Geschichte ist noch nicht zu Ende. Lukas berichtet weiter, dass Jesus zusammen mit seinen Eltern nach Nazareth zurückkehrte und ihnen gehorsam war, und er schließt mit den Worten: „Und Jesus nahm zu an Weisheit und Alter und Gunst bei Gott und Menschen" (V. 51-52).

Dieses Wachsen und Zunehmen an Weisheit scheint Lukas sehr wichtig zu sein, weil er es gleich zweimal erwähnt, am Anfang und am Ende des Berichtes über Jesu Kindheit in Nazareth. Kurz vor der Schilderung des Besuches in Jerusalem berichtet er, wie Jesu Eltern mit ihm von Bethlehem nach Nazareth zurückkehrten, wo Jesus „wuchs und erstarkte, erfüllt mit Weisheit, und Gottes Gnade war auf ihm" (Lk 2,40). In Lk 1,80 lesen wir im Wesentlichen das Gleiche über seinen Vetter Johannes, der ebenfalls „wuchs und erstarkte im Geist". Einerseits war Jesus schon damals sehr ungewöhnlich, andererseits aber auch sehr normal. Er wuchs auf wie andere Kinder auch.

Jesus konnte sagen, dass Gott selbst sein Vater war, und später stellte er durch seinen Tod, seine Auferstehung und seine Himmelfahrt unter Beweis, dass er alle Macht und alle Vorrechte der vollen Göttlichkeit hatte. Und doch heißt es von ihm, dass er wuchs und „zunahm", und das nicht bloß körperlich, sondern auch geistig an Weisheit.

Mit anderen Worten: Jesus ist zur Schule gegangen. Er musste sein ABC lernen (oder, auf Hebräisch, sein *Alef*, *Bet* und *Gimel*).

Was uns merkwürdig erscheinen mag bei jemandem, der der Sohn Gottes war. Der Schreiber des Hebräerbriefs teilt unser Erstaunen: Jesus lernte, „obwohl er Gottes Sohn war“ (Hebr 5,8; NeÜ).

Eines der besten Heilmittel gegen unser intuitives Unvermögen, das Menschsein Jesu ernst zu nehmen, ist das Nachdenken über seine Gedanken. Im letzten Zwischenspiel haben wir gesehen, dass einige der Theologen der alten Kirche Probleme mit der Göttlichkeit Jesu hatten. Anderen fiel es nicht weniger schwer, sein Menschsein zu akzeptieren. Und wenn Sie ähnlich ticken wie ich, neigen Sie vielleicht dazu, sich Jesus als eine „Mischung“ aus Gott und Mensch vorzustellen, anstatt ihn zu hundert Prozent als Gott *und* zu hundert Prozent als Mensch zu betrachten. Es ist ein Fehler, den man nur zu leicht macht.

Schon die alte Kirche musste sich mit diesen Problemen herumschlagen, und es kam zu allen möglichen theologischen Irrungen und Wirrungen, die mühsam korrigiert werden mussten. Ein Beispiel war die Christologie des Apollinaris (ca. 315 – ca. 390), der Bischof von Laodicea war. Er war ein Gegner des Arianismus, der die Göttlichkeit Jesu leugnete, und schlug eine Erklärung der Inkarnation vor, die einer Quadratur des Kreises gleichkam. Er ging davon aus, dass der „Sohn Gottes“ im Grunde den menschlichen Geist und die menschliche Seele im Menschen Jesus ersetzte. Jesus war also Gott innerhalb eines menschlichen Körpers (des „Fleisches“).

Diese Vorstellung hat ihren Charme, aber es ist schwer zu sehen, wie ein solcher Jesus in irgendeinem realen Sinne ein „Mensch“ genannt werden könnte. Zu unserem Menschsein gehört ganz offensichtlich nicht nur, dass wir einen menschlichen Körper haben, wir brauchen auch einen menschlichen Geist. Ein Zeitgenosse des Apollinaris, Gregor von Nazianz, kommentierte spöttisch:

„Wenn jemand auf ihn als einen Menschen ohne menschlichen Geist vertraut, ist er wirklich ohne Verstand und des Heils nicht würdig. Denn was [Christus] nicht ergriffen hat, hat er auch nicht geheilt."[15] Mit anderen Worten: Ein Erlöser ohne einen menschlichen Geist nützt nur Menschen ohne Verstand.

Aber Jesus *hatte* den Geist eines Menschen. Er lernte, er nahm zu an Weisheit. Nehmen Sie es zur Kenntnis: Der Gott, der nicht lernen kann, wurde in Jesus ein Lernender.

Hier bleiben natürlich Fragen offen. Kann der Geist eines Menschen auf die gleiche Art „Wissen" haben, wie Gott dies hat? Ganz offensichtlich nicht! Gott kennt jede Bewegung jedes subatomaren Partikels im Universum, vom Anfang bis zum Ende der Zeit; er kennt die genauen Wirkungen dieser Partikel aufeinander und die Positionen, die sie in jedem möglichen Augenblick in der Geschichte des Universums relativ zueinander einnehmen. Und er „weiß" all dies in einem einzigen zeit-losen Akt des Wissens. Ich kriege Kopfschmerzen, wenn ich auch nur versuche, mir vorzustellen, wie es sein könnte, wenn Gott denkt.

Wenn wir wie Apollinaris versuchen, uns die Menschwerdung Gottes verständlich zu machen, verlieren wir nur zu leicht den Boden unter den Füßen. Die Erfahrung lehrt, dass man besser darauf verzichtet zu ergründen, wie die Inkarnation „technisch" vor sich gegangen ist. Beugen wir uns lieber vor ihrem Geheimnis.

Jesus Christus ist wahrhaftig und ganz der Sohn Gottes. Er hat alle Dinge erschaffen, und in ihm wird alles zusammengehalten. Doch gleichzeitig wurde er, um uns zu erlösen, ganz und wahrhaftig ein Mensch. Er teilte unsere menschlichen Grenzen, von

15 Gregory of Nazianzus, „Letter to Cledonius the Priest: Against Apollinaris", in: A *Select Library of the Nicene and Post-Nicene Fathers of the Christian Church,* Vol. 7, ed. Philip Schaff (T&T Clark, 1894), S. 440.

dem Staub an seinen Füßen bis zu dem Gehirn in seinem Kopf. Gott wurde einer von uns, und dies aus einem einzigen Grund: weil er uns liebt und uns mit sich versöhnen will. „Denn so sehr hat Gott die Welt geliebt, dass er seinen einzigen Sohn gab, damit jeder, der an ihn glaubt, nicht verloren geht, sondern ewiges Leben hat“ (Joh 3,16).

Welcher Mensch kann das begreifen? Ich nicht. Petrus, ein Jünger und Freund Jesu, hat es so ausgedrückt: „Selbst Engel brennen darauf, Einblick in diese Dinge zu bekommen“ (1Petr 1,12; NeÜ). Ich werde vielleicht nie richtig begreifen, wie Gott darauf kam, die Schulbank zu drücken, aber ich kann dankbar darüber staunen. Wenn es um unsere Erlösung geht, können wir sie alle nur wie kleine Kinder annehmen. Es stecken eine Weisheit und eine außerordentliche Menschenliebe in Gottes Umgang mit uns, die ich niemals ausloten werde. Aber ich kann mein Vertrauen darauf setzen – und so Ruhe finden.

KAPITEL 4

GOTT IST NICHT SICHTBAR

Der amerikanische Schriftsteller Edgar Allan Poe schrieb eine Kurzgeschichte mit dem Titel „Der entwendete Brief“, in der ein korrupter Minister einen Brief der Königin stiehlt, um sie damit zu erpressen. Alle Versuche der Polizei, den Brief zu finden, erweisen sich als fruchtlos, obwohl die Beamten sogar hinter der Tapete und unter den Teppichen der Villa des Ministers nachschauen. Was sie auch unternehmen, sie finden den Brief nicht. Retter in der Not wird Amateurdetektiv C. Auguste Dupin, der den Brief entdeckt – auf einer unscheinbaren Briefablage im Haus. Der gewiefte Minister wusste, dass die Polizei annehmen würde, er habe den Brief versteckt, daher hatte er den Umschlag auf links gedreht, eine andere Adresse darauf geschrieben und den Brief einfach offen liegen gelassen.

Es gibt tausend Gründe, warum Gegenstände unsichtbar werden können (oder übersehen werden). Meine Autoschlüssel haben geradezu ein Talent dafür, am meisten dann, wenn ich es eilig habe und schon zu spät dran bin. Mit anderen Worten: Manchmal kann ich aufgrund meiner inneren Verfassung etwas nicht sehen. Und manchmal sehe ich es nicht, weil der Gegenstand zu klein oder zu weit weg ist (meine Augen sind nicht mehr die besten). Dann gibt es wieder andere Dinge, die ich deswegen nicht sehen kann, weil *ich* zu klein bin. Oder zu nah dran. Dass die Erde eine Kugel ist, kann ich deshalb nicht sehen, weil ich auf ihr stehe und nur einen kleinen Teil von ihr überblicken kann.

Und auch Gott kann ich nicht sehen. Sie können es auch nicht. Dies ist eine universale menschliche Erfahrung: „Niemand hat Gott jemals gesehen“ (Joh 1,18). Einer der ersten Menschen, die sich so weit von der Erde entfernten, dass sie ihre Krümmung sehen konnten – der russische Kosmonaut Juri Gagarin –, soll gesagt haben, dass man auch „da oben“ Gott nicht sehen könne.[16] Was auch nicht zu erwarten war, denn Gott ist nicht deswegen unsichtbar für uns, weil er zu weit weg wäre oder wir zu klein, sondern aus ganz anderen Gründen.

Was es mit Gottes Unsichtbarkeit auf sich hat, ist in der Bibel genauso sichtbar-unsichtbar wie der gestohlene Brief in Poes Kurzgeschichte. Es steht schwarz auf weiß da, aber für gewöhnlich überlesen wir es. Ein interessantes Beispiel ist der erste Brief des Paulus an Timotheus, der mit einem Lobpreis Gottes beginnt und endet. Beide Male staunt Paulus über die Güte Gottes, die dieser den Gläubigen durch das Evangelium von Jesus Christus erwiesen hat, aber seine Wortwahl ist sehr sorgfältig und interessant.

Im ersten Kapitel des Briefes stellt Paulus dar, was für das Christenleben (und auch für die Gemeindearbeit, die Timotheus in Ephesus fortführen soll) wirklich wichtig und zentral ist, und erzählt dazu die Geschichte seiner eigenen Erlösung. Er war „früher ein Lästerer und Verfolger und Gewalttäter“, bis Gott in sein Leben eingriff – durch Jesus Christus, der „in die Welt gekommen ist, Sünder zu retten, von welchen ich der erste bin“ (1Tim 1,13.15).

16 Gagarin soll wörtlich gesagt haben: „Ich kann hier oben keinen Gott sehen.“ Die Aufzeichnungen des Fluges vermelden diesen Satz allerdings nicht, und es kann sein, dass er Gagarin von Nikita Chruschtschow in einer Rede zugeschrieben wurde.

Diese Erinnerung an die Gnade Gottes packt Paulus so sehr, dass er seine Darlegung unterbricht, um anbetend auszurufen:

> *Dem König der Zeitalter aber, dem unvergänglichen, unsichtbaren, alleinigen Gott, sei Ehre und Herrlichkeit von Ewigkeit zu Ewigkeit! Amen. (V. 17)*

Viele von uns kennen diesen Bibelvers, aber sind diese Worte nicht etwas merkwürdig? Ich weiß noch, wie ich als Kind das Kirchenlied „Immortal, Invisible, God Only Wise" mitsang („Unsterblich, nicht sichtbar, allein weiser Gott") und mich fragte, warum wir so viel Trara um die Unsichtbarkeit Gottes machten.

Wir finden fast das gleiche Muster am Ende des 1. Timotheusbriefes. Jetzt schreibt Paulus über die Wiederkunft Christi (1Tim 6,15), und wieder unterbricht er sich, um auszurufen:

> *... der in sich vollkommene und alleinige Herrscher, der König aller Könige und Herr aller Herren, der als einziger Unsterblichkeit besitzt und ein unzugängliches Licht bewohnt, den kein Mensch je gesehen hat und kein Mensch jemals sehen kann. Ihm gebührt Ehre und ewige Macht! Amen. (1Tim 6,15-16; NeÜ)*

Wenn wir diese beiden Abschnitte miteinander vergleichen, sehen wir, dass sie mehr sind als spontane Gebete. Paulus beginnt seinen Brief mit dem ersten Kommen Christi, gefolgt von einem Gebet, das einige seiner Eigenschaften preist. Und er beendet den Brief mit dem zweiten Kommen Christi, worauf er Gott für dieselben Eigenschaften preist. Dies kann kein Zufall sein.

Die Frage, die wir uns stellen müssen, lautet: Warum betont er ausgerechnet *diese* Eigenschaften Gottes? Wenn ich eine Liste von fünf großen Eigenschaften Gottes schreiben müsste, ich wüsste nicht, ob ich zu derselben Liste kommen würde wie Paulus in 1. Timotheus 1 und 6. Ein König – ja. Unsterblich – sicher. Ehre und Herrlichkeit – durchaus. Aber *unsichtbar?* Es erschließt sich einem nicht sofort, warum Paulus diese Eigenschaft miterwähnt, und das meine ich, wenn ich sage, dass Gottes Unsichtbarkeit in der Bibel „sichtbar-unsichtbar" ist. Ich schätze, wenn Sie diese Verse lesen, geht es Ihnen wie mir: Das mit der Unsichtbarkeit ist Ihnen glatt entgangen. Was ja gut zu dem Wort „unsichtbar" passt ...

Aber Paulus erwähnt Gottes Unsichtbarkeit ausdrücklich, sodass sich die Frage stellt: Was ist so großartig daran, dass man Gott nicht sehen kann?

Und die Unsichtbarkeit Gottes wird nicht nur im 1. Timotheusbrief betont. Kolosser 1,15, ein beeindruckender Lobpreis auf Jesus Christus, beginnt mit den Worten: „Er ist das Bild des unsichtbaren Gottes." Und der Verfasser des Hebräerbriefes, der verfolgten Christen Mut machen will, definiert den Glauben als „ein Überzeugtsein von Dingen, die man nicht sieht" (Hebr 11,1) und erinnert seine Leser daran, dass Mose beim Auszug aus Ägypten deshalb so mutig war, „weil er auf den sah, der unsichtbar ist" (V. 27; NGÜ). Die vielleicht größte literarische Leistung im Neuen Testament, der Prolog des Johannesevangeliums, endet mit den Worten: „Niemand hat Gott jemals gesehen; der einziggeborene Sohn, der in des Vaters Schoß ist, der hat ihn bekannt gemacht" (Joh 1,18).

Einer der bedeutendsten Theologen der alten Kirche war der aus Alexandrien stammende Origenes (ca. 184–254). Für ihn gibt Johannes in dem Prolog zu seinem Evangelium

> *offen allen Einsichtigen zu erkennen, dass es kein Wesen gibt, für das Gott sichtbar wäre; nicht als ob er von Natur*

aus sichtbar wäre und nur dem Anblick der allzu gebrechlichen Geschöpfe entzogen wäre, sondern weil es von Natur unmöglich ist, ihn zu sehen.[17]

Mit anderen Worten: Gott ist tatsächlich unsichtbar und nicht nur weit weg oder versteckt. Origenes betreibt hier keine philosophische Erbsenzählerei. Das Zitat stammt aus seinem Buch *Von den Prinzipien,* dem ersten systematischen Werk der christlichen Theologie. Wie ähnliche Bücher ist es „systematisch" in dem Sinne, dass es versucht, den christlichen Glauben logisch darzustellen, um Irrtümern und Verwirrung entgegenzuwirken. Und Gottes Unsichtbarkeit ist etwas so Fundamentales, dass sie es gleich ins erste Kapitel von Origenes' Werk geschafft hat.

Aber vielleicht fragen Sie immer noch, *warum* denn der Glaube an Gottes Unsichtbarkeit so wichtig sein soll.

Nun, betrachten wir sie einmal aus der Perspektive, die wir in den vorangegangenen Kapiteln bereits kennengelernt haben. Die Bibel konfrontiert uns mit einer Grundwahrheit, die die gesamte Realität prägt: der strikten Unterscheidung zwischen Schöpfer und Geschöpf. Der Schöpfer ist einfach „da"; er hat keinen Anfang, und er ist durch nichts in der Schöpfung begrenzt. Die Geschöpfe dagegen *haben* einen Anfang und unterliegen gewissen Begrenzungen, die in der erschaffenen Realität herrschen – Begrenzungen wie Zeit und Raum. Gott ist weder durch die Zeit noch den Raum in irgendeiner Weise begrenzt.

Wie wir in Kapitel 2 bei unserem Durchgang durch Psalm 139 sahen, gibt es keinen Ort, wo Gott nicht ist. Wo wir uns auch

17 Origenes, *Vier Bücher von den Prinzipien* (Darmstadt: Wissenschaftliche Buchgesellschaft, 1976), S. 119 (1.1.8)

hinbegeben – in den Weltraum, in die Tiefen des Ozeans, nach Osten, nach Westen –, überall ist Gott schon vor uns dagewesen. Dies hat mit seiner Unsichtbarkeit zu tun. Man kann ihn nicht sehen, weil er keinen Körper hat. So hat es Jesus selbst gesagt, als er gefragt wurde, wie man Gott richtig anbetet: „Gott ist Geist" (Joh 4,24).

In dem Maße, wie ich mich damit vertraut mache, dass Gott unsichtbar ist und keinen Leib hat, lerne ich, eine andere Beziehung zu ihm zu haben. Wäre Gott ein körperliches Wesen, hätte er irgendwo eine Körpermitte, und mit jeder unserer Bewegungen würden wir uns zu dieser Mitte hin oder von ihr wegbewegen. Aber Gott hat keinen Körper, und so kann er überall gleichzeitig gegenwärtig sein, und das vollständig und ohne Einschränkungen. In diesem Augenblick, da Sie diese Worte lesen, ist Gott bei Ihnen – ob Sie nun gerade in der Küche, im Stadtpark, in einem Bus oder in einem Krankenhauszimmer sind. Gott ist nicht in Teile unterteilt. Er ist ganz bei Ihnen. Und weil er vollständig und ungeteilt und unabhängig von Raum und Zeit ist, haben wir, menschlich gesprochen, jederzeit seine volle Aufmerksamkeit. Er ist nie abgelenkt, weil er noch andere Dinge im Kopf hat, und wir sind immer im Zentrum seiner Gedanken und nicht in irgendeiner Warteschleife.

Ich schätze einmal, dies ist entweder mit das Tröstlichste oder mit das Beunruhigendste, was Sie je gelesen haben. Jeden Augenblick Ihres Lebens sind Sie im Scheinwerferkegel Gottes. Diese Tatsache ist unser Anker in jeder Art von Not und Ungerechtigkeit. Gott entgeht nichts. Er ist bei Ihnen, wo Sie auch sind, und er wird am Ende alles gut machen. Aber Achtung: Falls es in Ihrem Leben Bereiche gibt, in die Sie Gott lieber nicht hineinschauen lassen wollen, dann leben Sie gefährlich. Wir leben jeden Augenblick jedes Tages „coram Deo", wie manche Theologen es ausdrücken – vor Gottes Angesicht. Es gibt kein Zimmer in Ihrer Wohnung, keine Minute Ihres Tages, kein Viertel in Ihrer Stadt, wo Gott nicht vollkommen gegenwärtig wäre.

Kann sein, dass Sie dies abwegig finden – und dies womöglich umso mehr, je besser Sie Ihre Bibel kennen. Seit dem Auszug aus Ägypten begleitete Gottes Gegenwart sein Volk auf sichtbare Weise, die mit der Stiftshütte und später dem Tempel verbunden war. Im Allerheiligsten war Gott so intensiv gegenwärtig, dass jeder Unbefugte, der töricht genug war hineinzugehen, augenblicklich starb. Bedeutete dies nicht, dass Gott im Tempel „mehr" gegenwärtig war als anderswo?

Die Gegenwart Gottes und überhaupt die Bedeutung von „Orten" sind in der Bibel vielschichtige Themen, und das Risiko einer Übervereinfachung und damit Verzerrung ist groß. Ich kann das Thema hier nicht erschöpfend behandeln, möchte aber darauf hinweisen, dass man aus zwei Perspektiven über Gottes Gegenwart reden kann – aus der unseren und aus der Sicht Gottes. Aus unserer Perspektive kann sich unser Erfahren der Gegenwart Gottes ändern, je nachdem, was er uns wo von seiner Gegenwart *offenbaren* will. Aus Gottes Perspektive (wenn ich mich überhaupt erkühnen darf, so zu reden) ist Gott immer und überall vollkommen gegenwärtig.

Wenn Sie frühmorgens schlaflos in Ihrem Bett liegen und beobachten, wie die erste Helligkeit durch die Rollläden sickert, dürfen Sie wissen: Gott ist da. Er ist da – vollkommen. Unsterblich, unsichtbar – und gegenwärtig. Genauso real wie Ihre Nachttischlampe oder der Kleiderschrank oder die Kleider auf dem Stuhl da hinten, ja, eigentlich noch realer, weil Gottes Existenz das Realste ist, was es gibt, und weil Gott immer vollständig und zu hundert Prozent gegenwärtig ist. Was bedeutet: Wenn Sie

Angst oder Frust haben oder einsam sind, können Sie aufatmen und Gottes Gegenwart genießen.

Es lohnt sich, sich noch ein wenig Zeit für den zweiten Grund für Gottes Unsichtbarkeit zu nehmen, den Paulus in seinem ersten Brief an Timotheus erwähnt: Gott wohnt in einem „unzugänglichen Licht“ (1Tim 6,16). Wir haben bisher darüber nachgedacht, was Gott *nicht* hat (nämlich einen Körper), sodass man ihn nicht sehen kann. Aber es gibt auch etwas, was er *hat,* das ihn für uns unsichtbar macht: seine Herrlichkeit. Gott ist so strahlend rein und herrlich, dass Sünder wie wir seinen Anblick nicht ertragen könnten.

Das Alte Testament betont immer wieder, wie gefährlich es wäre, Gott zu sehen. Als der „Engel des HERRN“ Manoach und seiner Frau (den Eltern Simsons) erscheint, sagt Manoach anschließend: „Ganz sicher müssen wir jetzt sterben, denn wir haben Gott gesehen!“ (Ri 13,22). Als Jakob mit demselben Engel gekämpft hat, nennt er die Stätte Pnuël, denn „ich habe Gott von Angesicht zu Angesicht gesehen und bin mit dem Leben davongekommen“ (1Mo 32,21; ZB). Und als Mose Gott bittet, ihm seine Herrlichkeit zu zeigen, erwidert Gott:

> *Ich werde all meine Güte an deinem Angesicht vorübergehen lassen und den Namen Jahwe vor dir ausrufen. Ich werde gnädig sein, wem ich gnädig bin, und mich erbarmen, über wen ich mich erbarme. Dann sprach er: Du kannst es nicht ertragen, mein Angesicht zu sehen, denn kein Mensch kann mich sehen und am Leben bleiben. (2Mo 33,19-20)*

Und so haben wir in diesem Kapitel zweierlei gelernt. Erstens: Wir sind *physisch* nicht in der Lage, Gott so zu sehen, wie er ist. Das menschliche Auge „sieht“ etwas, wenn Licht von einer Oberfläche abprallt und das Auge erreicht. Doch Gott hat keinen Körper, der Licht reflektieren könnte, also kann er nicht gesehen werden. Und zweitens sind wir *geistlich* unfähig, Gott zu sehen, und dies nicht, weil es nichts zu sehen gäbe, sondern weil es zu viel gibt. Gott reflektiert kein Licht, aber er wohnt in einem „unzugänglichen Licht". Gott angucken zu wollen ist so, als wollten wir in die Sonne schauen. In die ganze Fülle der Gegenwart Gottes eintreten, es wäre gefährlicher, als einen Spaziergang auf der Sonne zu versuchen. Was bedeutet, dass Gottes Weigerung, die ganze Herrlichkeit seiner Gegenwart hier auf unserer Erde zu manifestieren, eigentlich ein weiterer Aspekt seiner Güte ist. Wenn er uns nicht vor seiner Herrlichkeit schützte, müssten wir sterben. Und das ist die nächste Wahrheit, über die wir in schlaflosen Nächten nachdenken können. Wie gütig Gott ist!

Gott ist heilig. Und damit kommen wir zu der nächsten Sache, die Gott nicht tun kann ...

KAPITEL 5

GOTT KANN MANCHE DINGE NICHT MITANSEHEN

Eine Fernsehshow, die die Familie Tucker wirklich mag, ist *Travel Man: 48 hours in ...* von Richard Ayoade. Das Strickmuster ist einfach: Ayoade, der selbst nicht gerne verreist, nimmt einen anderen Komiker oder Schauspieler („irgendjemand aus dem Unterhaltungs-Business, der verfügbar und bezahlbar ist") mit auf ein Wochenende an irgendeinem malerischen Ort. Die beiden stopfen so viel wie möglich in 48 Stunden hinein, um die einfache Frage zu beantworten: „Wir sind jetzt hier, aber ist es das wert?" Und um das Talent des Gastgebers für bissige Kommentare optimal zu nutzen, gehört zu den meisten Besuchen dazu, die unappetitlichsten Gerichte der Küche des Landes zu probieren.

Kürzlich sahen wir uns an, wie Ayoade zusammen mit dem Schauspieler Stephen Mangan Marrakesch besuchte. Der Besuch in einer Gerberei war okay, denn Filme mit Gerüchen hat ja noch keiner erfunden. Aber als sie dann in einem Straßenrestaurant zu Mittag aßen, schlug das den Tuckers auf den Magen. Mit halb abgewandten Gesichtern schauten wir zu, wie dem wackeren Mangan der komplette gekochte Kopf eines Schafes auf einem Teller serviert wurde und der Schauspieler versuchte, das Gehirn, die Augen und die Lippen zu essen und bei sich zu behalten. Für unseren Jüngsten war es zu viel; er konnte sich das nicht ansehen.

Ist Gott ähnlich zartbesaitet? Nicht ganz. Aber die Bibel versichert uns, dass manchmal sogar er die Augen abwenden muss. Der Prophet Habakuk sagt über Gott: „Zu rein sind deine Augen, als dass du Böses ansehen könntest“ (Hab 1,13; Menge).

Wenn es um Sünde und Böses geht, wendet Gott seinen Blick ab; er kann diese Dinge nicht ertragen. Der zweite Satz des Habakuk-Verses unterstreicht dies: „... und Gewalttat vermagst du nicht anzuschauen“ (Menge). Es ist nicht nur so, dass Gott diese Dinge hässlich oder unangenehm findet – er kann sie buchstäblich nicht mitansehen. Was nicht bedeutet, dass er in seliger Ignoranz verharrt, um all das Böse in der Welt nicht wahrnehmen zu müssen. Die Bibel sagt uns auch: „Die Augen des HERRN sind an jedem Ort und schauen aus auf Böse und Gute“ (Spr 15,3). Habakuk betont hier die Abscheu Gottes über das Böse (nicht das Ausmaß seines Wissens darüber). Er kann es nicht eine Sekunde lang tolerieren. Für den Christen ist dies etwas, was absolut ernüchternd ist, aber letztlich auch zutiefst tröstlich, auch wenn der Weg zu diesem Trost sehr dornig sein kann.

In diesem Kapitel begeben wir uns auf diesen Weg. Er wird uns durch etwa 1500 Jahre Menschheitsgeschichte führen, wie die Bibel sie aufgezeichnet hat und wie sie in den Lebensläufen unzähliger Menschen Realität geworden ist. Es ist eine Reise, die auch in *Ihr* Leben und *Ihre* Geschichte führt. Sie zeichnet die Gemeinschaft mit Gott nach, für die wir eigentlich geschaffen worden waren, aber auch die Trennung von Gott, in der wir dann leben mussten – der Trennung von dem Gott, der es nicht ertragen kann, Böses mitanzusehen.

Die Bibel beginnt mit der unumstößlichen, nicht verhandelbaren, letzten Tatsache der Wirklichkeit: Gott selbst. „Im Anfang ... Gott“ (1Mo 1,1). Dann beschreibt sie, wie er eine geordnete, perfekte und schöne Welt erschaffen hat, eine Welt, die nur in Abhängigkeit von und in Beziehung zu ihm existieren kann.

Der Schöpfungsbericht in 1. Mose 2–3 ist wohlstrukturiert. Die ersten sechs Tage bilden drei Paare. Der erste und der vierte Tag sind aufeinander bezogen (Tag und Nacht; Sonne, Mond und Sterne), der zweite und der fünfte Tag (Himmel und Meer; Vögel und Wassertiere) und der dritte und der sechste Tag (das Festland und die Pflanzenwelt; Tiere und Menschen). Gottes Schöpfungswerk gipfelt am sechsten Tag mit der Erschaffung von Mann und Frau als Ebenbilder Gottes. Sie sollen die Schöpfung zu ihrer Vollendung bringen, indem sie herrschen „über die Fische des Meeres und über die Vögel des Himmels und über alle Tiere, die sich auf der Erde regen“ (1Mo 1,28).

Wir betrachten dies gerne als den Höhepunkt der Schöpfungsgeschichte, aber ein besserer Kandidat für diesen Titel ist das Ruhen Gottes am siebten Tag. Im Gegensatz zu den übrigen Schöpfungstagen gehört dieser Tag nicht zu einem Tagespaar. Es gibt interessanterweise auch keinen „Abend“ und „Morgen“. Wir haben dies wohl so zu verstehen, dass der siebte Tag einen permanenten Zustand beschreibt. Das Ruhen ist das Ziel der Schöpfung.

Das Konzept des Sabbats und des „Ruhens“ als des Genießens von Gottes Segen ist zentral dafür, was es bedeutet, zu Gottes Volk zu gehören. Nehmen wir nur die Zehn Gebote. Das vierte Gebot ist das einzige „positiv“ formulierte Gebot für den rechten Gottesdienst. Die ersten drei sind alle negativ formuliert: „Du sollst keine andern Götter haben neben mir ... Du sollst dir kein Götterbild machen ... Du sollst dich vor ihnen nicht niederwerfen und ihnen nicht dienen ... Du sollst den Namen des HERRN, deines Gottes, nicht zu Nichtigem aussprechen“ (2Mo 20,3-7). Diese Gebote unterstreichen die Würde Gottes und seine Einzigartigkeit, wie sie sich in der Unterscheidung zwischen Schöpfer und Geschöpf zeigt.

Das Gebot über den Sabbat ist anders: „Denke an den Sabbattag, um ihn heilig zu halten" (V. 8). Es fordert das aus der Sklaverei in Ägypten befreite Israel auf, seinen ganzen Lebensrhythmus auf die Befolgung des Sabbats auszurichten. Seine Arbeitswoche wird deshalb sechs Tage lang sein, und jeden siebten Tag soll das Volk die Ruhe genießen, die Gott sich gönnte, als sein Schöpfungswerk fertig war.

Es ist wichtig, die Bedeutung des Begriffs „Ruhe" in der Geschichte der Bibel zu erkennen. Die bekannte Einladung Jesu in Mt 11,28 („Kommt her zu mir, alle ihr Mühseligen und Beladenen! Und ich werde euch Ruhe geben") ist kein einmaliges Angebot an die, die es damals nötig hatten, sondern es gehört zum roten Faden, der sich durch das gesamte Alte Testament zieht. Ein paar Kapitel nach der Gesetzgebung am Sinai, kurz nach der Katastrophe mit dem Goldenen Kalb, macht Gott Mose gegenüber folgende Zusage: „Mein Angesicht wird mitgehen und dich zur *Ruhe* bringen" (2Mo 33,14). Am Anfang und am Ende des Buches Josua wird die Sesshaftigkeit des Volkes Israel im Land der Verheißung als „Ruhe" beschrieben: „Der HERR, euer Gott, schafft euch *Ruhe* und gibt euch dieses Land" (Jos 1,13). Und: „Nachdem der HERR Israel *Ruhe* verschafft hatte vor allen seinen Feinden ringsumher und Josua alt geworden und hochbetagt war, da rief Josua ganz Israel zusammen ..." (Jos 23,1-2; Hervorhebungen durch den Autor).

Im Neuen Testament geht es für den Autor des Hebräerbriefes bei der Verheißung der Sabbatruhe um mehr als nur um die Zusage, ein Land zu ererben oder von seiner Arbeit auszuruhen; letztlich ist es eine Verheißung ewigen Lebens in Gottes Gegenwart:

Denn wenn Josua das Volk schon in die eigentliche Ruhe hineingeführt hätte, würde Gott nicht später von einem anderen Tag geredet haben. Es gibt also noch eine besondere Ruhe für das

Volk Gottes. Denn wer in diese Ruhe hineinkommt, wird sich von all seiner Arbeit ausruhen, so wie Gott von der seinen ruht. Wir wollen deshalb alles daransetzen, zu dieser Ruhe zu gelangen, um nicht wie jene frühere Generation durch den gleichen Ungehorsam zu Fall zu kommen. (Hebr 4,8-11; NeÜ)

Wahre Ruhe gibt es mithin nur in der Gegenwart des Gottes, der uns gemacht hat, und in einer Beziehung zu ihm. Darum gibt es für die Gottlosen keinen Frieden (vgl. Jes 48,22). Wie der Kirchenvater Augustinus es in seinen *Bekenntnissen* formuliert hat: „Denn zu dir hin hast du uns geschaffen, und unruhig ist unser Herz, bis es ruhet in dir."[18]

Kommen wir zurück zur Schöpfungsgeschichte und ihrem abschließenden Bild der vollkommenen Ruhe – Gott und Mensch in harmonischer Einheit. Dies wirft die unvermeidliche Frage auf: Wenn Gott uns dazu erschaffen hat, an seiner Ruhe teilzuhaben, warum sind wir dann so ruhelos? Schauen wir uns doch den Zustand der Menschheit heute an: eine rastlose Welt, losgelöst von dem Gott, der den Anblick des Bösen nicht ertragen kann. Wenn es bei der Erschaffung der Welt Gottes Absicht war, seine Menschen an seiner Ruhe teilhaben zu lassen, was ist da schiefgelaufen? Und wie können wir wieder zurück nach Hause finden?

In 1. Mose 2 werden uns zwei ganz besondere Bäume im Garten Eden vorgestellt. Der eine verspricht ewiges Leben, der andere einen verbotenen Weg zur Erkenntnis, und es liegt in der Entscheidung des Mannes und der Frau, ob sie den verbotenen Weg gehen (1Mo 3), der die Ruhelosigkeit und Zerbrochenheit unserer Welt erklärt. Wir befinden uns nun nicht mehr an dem

18 Aurelius Augustinus, *Bekenntnisse* (München: dtv, 1982), S. 31 (= 1. Buch).

Ort der vollkommenen Ruhe, für den Gott uns erschuf, weil er es nicht mehr ertragen kann, uns anzuschauen. Die ganze Schöpfung ist ruhelos geworden, weil der Mann und die Frau, die Gottes Plan für seine Schöpfung zur Vollendung bringen sollten, sich von ihm abgewandt haben. Mit ihrem Ungehorsam bestritten sie die Wahrheit und Kraft seines Schöpferwortes[19] und zerstörten damit das harmonische Gefüge der Schöpfung.

Diese Entfremdung von Gott ist unser Grundproblem. Adam und Eva wurden aus Eden, dem Ort der Ruhe Gottes, verbannt. Das 1. Buch Mose zeigt uns mit dieser Geschichte eindrucksvoll, wie ernst unser Problem ist. Wir können nicht einfach zurück nach Eden.

Der ganze Rest der Bibel ist geprägt von dieser Spannung: Gott hat die Menschen nach seinem Bild erschaffen; sie sind ihm wertvoll und besitzen eine angeborene Größe und Würde. Aber sie haben den Weg der Zurückweisung Gottes gewählt, der sie von ihm entfremdet und in einen unlösbaren Konflikt mit seinem innersten Wesen gebracht hat. Es ist uns unmöglich, Gott zu sehen und am Leben zu bleiben, und Gott kann den Anblick all unseres Bösen nicht ertragen. Wo immer Gott in eine Beziehung zu uns tritt, kommt die brennende Frage auf: Wie kann dieser heilige Gott mit unheiligen Menschen wieder zusammenkommen? Wie lässt sich diese Spannung auflösen? Im Großteil der Bibel scheint die einzige Hoffnung ein kompliziertes Hin und Her zwischen Versteckspiel und Annäherung zu sein.

Noch in dem Garten versuchen Adam und Eva, sich vor Gott zu verstecken (1Mo 3,10). Dieses Versteckspiel wird die

---

19 Die Versuchung der Schlange verleitete Eva zu dem Glauben, dass Gottes Wort nicht wahr ist und somit keine Kraft hat („Keineswegs werdet ihr sterben!"), ja, dass hinter diesem Wort unlautere Absichten stehen („Gott weiß, dass an dem Tag, da ihr davon esst, eure Augen aufgetan werden und ihr sein werdet wie Gott").

Menschheit bis zum Tag des Gerichtes prägen: „Und sie sagen zu den Bergen und zu den Felsen: Fallt auf uns und *verbergt* uns vor dem Angesicht dessen, der auf dem Thron sitzt“ (Offb 6,16).

Auch für das Gottesvolk Israel blieb dieses Dilemma eine Realität. Das Herz der Geschichte aus 2. Mose ist nicht so sehr der Auszug aus Ägypten als vielmehr, dass Gottes Volk in seine Gegenwart gebracht wurde: „Ihr habt gesehen, ... wie ich euch auf Adlerflügeln getragen und euch zu mir gebracht habe“, sagt Gott in 2Mo 19,4. Aber dabei gab es eine Grenze, ein „Bis hierher und nicht weiter“. Als Israel am Sinai ankommt, um das Gesetz zu empfangen, verbietet Gott dem Volk, dem Berg zu nahe zu kommen, wo er seine Gegenwart offenbaren wird. Die feierliche Warnung an Mose lautet: „Darum zieh eine Grenze rings um das Volk und sage: Hütet euch, auf den Berg zu steigen oder auch nur sein Ende zu berühren!“ (2Mo 19,12).

Der Höhepunkt des 2. Buches Mose kommt am Ende, als Gott tatsächlich kommt, um unter seinem Volk zu wohnen (2Mo 40,34-38). Die Hälfte der vorangehenden Kapitel ist dem Plan und dem Bau der Stiftshütte gewidmet, die diese Begegnung möglich macht. Die Stiftshütte – eigentlich ein kunstvolles Zelt – hatte den Sinn, für den nötigen Sicherheitsabstand zwischen Gott und seinem Volk zu sorgen. Das Ende des Buches ist gleichzeitig herrlich und erschreckend: „Weil die Wolke sich auf dem Zelt niedergelassen hatte und die Herrlichkeit Jahwes alles erfüllte, konnte Mose nicht hineingehen“ (V. 35; NeÜ).

Der Gott, den niemand sehen kann und der das Böse nicht mitansehen kann, hatte einen Weg gefunden, bei seinem Volk zu sein. Doch selbst in diesem Augenblick des Triumphes ist das Problem der Entfremdung von Gott immer noch deutlich, denn was war da nicht alles nötig, um Gottes Gegenwart möglich zu machen! Aber das war noch nicht das Ende der Geschichte, und wir werden später zu diesem Thema zurückkommen.

Denken wir zunächst einen Augenblick darüber nach, dass selbst in der beunruhigenden Entdeckung, dass Gott kein zahmer Gott ist, der fünfe gerade sein lässt, ein Trost liegt. Ja, mehr noch: Gottes Urteil ist völlig unparteiisch und immer vollkommen richtig und gerecht.

Was man von menschlichen Urteilen nicht behaupten kann. Der Philosoph Bertrand Russell stellte einmal die „emotionale Konjugation" vor. Normalerweise werden Verben konjugiert: „Ich gehe, du gehst, er/sie/es geht, wir gehen " usw. Russell „konjugierte" Gefühlsurteile:

Ich bin entschlossen,
du bist stur,
er ist ein verbohrter Dickkopf.

Russells Idee wurde von vielen Spaßvögeln aufgegriffen. Hier ein Beispiel aus dem Leserwettbewerb einer Zeitung:

Ich bin eine besorgte Mutter,
du mischst dich in alles ein,
sie schreibt in das Tagebuch ihrer Tochter.

Oder das Folgende, aus der Politik-Sitcom *Yes, Prime Minister*, die in den 1980-er Jahren vom britischen Fernsehen ausgestrahlt wurde:

Ich veranstalte vertrauliche Pressekonferenzen,
du gibst Informationen weiter,
er steht wegen § 2A des Gesetzes über Staatsgeheimnisse vor Gericht.

Ob Sie die Beispiele komisch finden oder nicht, der springende Punkt ist, dass wir das Verhalten anderer Menschen unterschiedlich bewerten, je nachdem, was wir für die Person empfinden. Unsere Urteile sind voll von Voreingenommenheit und Parteilichkeit. Was wir bei uns selbst entschuldigen und bei unseren Freunden verharmlosen, verurteilen wir bei denen, die uns nicht sympathisch sind.

Die Statue der Justitia auf der Dachkuppel des Old Bailey, des zentralen Strafgerichtshofes für England und Wales in London, trägt eine Augenbinde, um ihre Unparteilichkeit zu symbolisieren. Aber trotzdem: Alle menschlichen Justizsysteme begünstigen die einen mehr als die anderen. Es gibt Menschen, die haben so viel Geld, dass sie Schlupflöcher finden und juristische Zermürbungskriege gewinnen können, wo andere, die sich keinen Staranwalt leisten können, längst aufgegeben haben. Was in der Zeit des Alten Testaments eine traurige Realität war, findet man oft heute noch: dass es die „Witwen" und die „Waisen" sind (also die Mittellosen und die ohne „Beziehungen"), die am meisten um ihr Recht kämpfen müssen. Vielleicht sind Sie gerade in so einer Lage.

Und darum ist es eine so gute Nachricht, dass Gott den Anblick des Bösen nicht ertragen kann. Gott ist so vollkommen rein und so entschlossen, der Gerechtigkeit zum Sieg zu verhelfen, dass das Recht sich einmal ergießen wird „wie Wasser und Gerechtigkeit wie ein immerfließender Bach" (Am 5,24). Eines der größten Übel in unserer gefallenen Welt (vor allem für die Armen und Unterprivilegierten) ist, dass es so oft keine Gerechtigkeit gibt. Doch das wird nicht immer so sein. Gottes völlige Unfähigkeit, Ungerechtigkeit oder Fehlverhalten jeglicher Art zu tolerieren, ist ein großer Trost und eine Gewissheit für alle, die sich danach sehnen, dass die Welt in Ordnung gebracht wird.

Kennen Sie diesen Spruch, der Friedrich von Logau zugeschrieben wird, aber auf ältere Autoren zurückgeht?

„Gottes Mühlen mahlen langsam,
mahlen aber trefflich klein.
Ob aus Langmut er sich säumet,
bringt mit Schärf' er alles ein."

Dies ist ein großer Trost, wenn wir selbst Opfer von Ungerechtigkeit werden. Gott weiß Bescheid, und wir sind ihm nicht egal. Er will Gerechtigkeit, und er wird sie schaffen. Wenn Sie also nachts nicht schlafen können, weil Ihnen Ungerechtigkeit widerfährt, glauben Sie nicht der Lüge, dass sich niemand um Sie und Ihr Los kümmert oder dass Sie es nicht wert sind, Gerechtigkeit zu bekommen. Gott sagt, dass es wichtig und richtig ist, nach Gerechtigkeit zu streben. Und wo Gerechtigkeit in diesem Leben unmöglich scheint, brauchen Sie weder Rachepläne zu schmieden noch zu verzweifeln – Gott wird mit absoluter Sicherheit für Gerechtigkeit sorgen, ja für vollkommene Gerechtigkeit.

Diese Wahrheiten sind ein großer Trost. Und ein großer Auftrag für alle, die *nicht* Opfer von Ungerechtigkeit sind. Sie sollen Menschen werden, die aktiv der Gerechtigkeit nachjagen, vor allem der Gerechtigkeit für die, die sie nicht selbst einfordern können. Gott kann das Böse nicht ertragen, und wir können nicht behaupten, seine Diener zu sein, wenn wir dem Bösen gegenüber gleichgültig sind.

Doch auch dieses gilt: Gottes Engagement für Gerechtigkeit macht es uns möglich, in einer Welt der Ungerechtigkeit trotzdem ruhig zu schlafen. Denn Gott kann das Böse nicht nur nicht ertragen, er kann es auch nicht übersehen. Eines Tages wird er alles gutmachen und unsere verkehrte Welt wieder ins Lot bringen. Wir können abends in Frieden zu Bett gehen, weil wir wissen, wie die Geschichte enden wird, und morgens können wir aufstehen und versuchen, alles in unserer Macht Stehende zu tun, um die schlimmen Missstände zu verändern, die es selbst in den besten Gesellschaften gibt.

DRITTES ZWISCHENSPIEL: DER UNSICHTBARE IST ERSCHIENEN

Manchmal sagen ein paar Worte mehr als eine ganze Bibliothek. „Mr. Gorbatschow, reißen Sie diese Mauer ab!“ ist ein kurzer Satz, aber er brachte eine Situation zum Ausdruck, in der das Ende des Kalten Krieges nicht nur möglich, sondern auch real zu sein schien. Es könnte gut sein, dass diese Worte dazu beitrugen, eine der tiefgreifendsten politischen Wenden in der gesamten Menschheitsgeschichte herbeizuführen.[20]

20 Der Satz gehörte zu einer Rede, die US-Präsident Ronald Reagan am 12. Juni 1987 in Westberlin hielt und in der er den sowjetischen Staatschef Michail Gorbatschow dazu aufforderte, die Berliner Mauer zu öffnen, die seit 1961 West- und Ostberlin trennte. Die Historiker sind sich nicht einig, wie bedeutsam die Rede wirklich war, aber Tatsache ist, dass zwei Jahre später die Mauer tatsächlich fiel und eine neue politische Ära in Europa begann.

Doch Reagans Satz ist nichts im Vergleich zu dem 14. Vers des Johannesevangeliums (der auch im Griechischen aus nur neun Worten besteht): „Und das Wort wurde Fleisch und wohnte unter uns“ (Joh 1,14).

In diesen Worten liegt eine ganze Welt. Johannes sagt uns, dass Gott selbst, der Schöpfer von allem – der Gott, der von Anfang an da war – ein Mensch wurde. Früher hatte Gott bei seinem Volk im Bundeszelt gewohnt, später dann im Tempel in Jerusalem. Doch jetzt kam er auf eine ganz neue Art und Weise zu den Israeliten: Er wurde selbst einer von ihnen. Gott hat keinen Körper und ist unsichtbar – aber plötzlich war er da, und man konnte ihn anschauen und anfassen. Genauso hat Johannes in seinem ersten Brief an die junge Kirche seine eigene Begegnung mit Jesus beschrieben:

> *Was von Anfang an war, was wir gehört, was wir mit unseren Augen gesehen, was wir angeschaut und unsere Hände betastet haben vom Wort des Lebens ... verkündigen wir auch euch.“ (1Jo 1,1.3)*

In Kapitel 4 sahen wir, dass der erste Brief des Paulus an Timotheus gleichsam eingerahmt wird von zwei Lobpreisgebeten über Gottes Güte, die beide seine Unsichtbarkeit betonen. Nun, ungefähr in der Mitte des Briefes, zwischen diesen beiden Gebeten, formuliert Paulus sein großes Anliegen für die Christen in Ephesus, zu denen er Timotheus als seinen Vertreter gesandt hatte:

> *Lieber Timotheus,*
> *ich schreibe dir das alles, obwohl ich hoffe, dich bald besuchen zu können. Wenn sich mein Kommen aber verzögert, sollst du wissen, wie man sich im Haus Gottes verhalten muss.*

Damit meine ich die Gemeinde des lebendigen Gottes, den Stützpfeiler und das Bollwerk der Wahrheit. Und niemand kann bestreiten, wie groß und einzigartig die geheimnisvolle Wahrheit unseres Glaubens ist:

Er hat sich gezeigt in Fleisch und Blut
und wurde beglaubigt durch Gottes Geist,
und so haben ihn die Engel gesehen.
Er wird gepredigt unter den Völkern
und findet Glauben in aller Welt
und ist im Himmel mit Ehre gekrönt. (1Tim 3,14-16; NeÜ)

Wir können uns hier nicht so in diese Verse vertiefen, wie ich das am liebsten täte. Die Vision der Gemeinde als „Haus" Gottes, das der Welt Gottes Wahrheit bringt, ist gewaltig. Ich möchte hier einfach auf das Erste hinweisen, das Paulus über das „Geheimnis" des Evangeliums sagt: Gott „hat sich gezeigt".

Mitten in einem Brief, der vom Lobpreis auf den unsichtbaren Gott förmlich eingeklammert wird, stellt Paulus etwas fest, das uns so bekannt ist, dass es seine geradezu schockierende Wirkung vielleicht schon wieder verloren hat: Der unsichtbare Gott hat sich gezeigt! Menschen haben ihn gesehen. Der Gott, der so unvorstellbar groß ist, dass es absolut unmöglich ist, ihn zu sehen, hat sich sichtbar gemacht. Der Gott, der so unvorstellbar heilig ist, dass er unmöglich das Böse anschauen kann, hat mitten im Chaos gelebt.

Warum hat er das getan? Wir finden die Antwort am Anfang des Briefes, und aus ihr speisen sich die Anbetung und der Lobpreis des Paulus: „Christus Jesus ist in die Welt gekommen, um Sünder zu retten" (1Tim 1,15; NeÜ). Der unnahbar herrliche Gott wurde nahbar und sichtbar, um Menschen wie Sie und mich, die ohne ihn entfremdet und ruhelos sind, zu retten und nach Hause zu holen.

Und als ob das noch nicht genug ist, endet der Brief mit einem zweiten Kommen Gottes, und auch dieses steht im Kontext eines Lobpreisgebetes an den unsichtbaren Gott:

> *Erfülle deinen Auftrag tadellos und sauber, bis unser Herr Jesus Christus sichtbar wiederkommt. Wann das geschehen wird, bestimmt der in sich vollkommene und alleinige Herrscher, der König aller Könige und Herr aller Herren, der als einziger Unsterblichkeit besitzt und ein unzugängliches Licht bewohnt, den kein Mensch je gesehen hat und kein Mensch jemals sehen kann. Ihm gebührt Ehre und ewige Macht! Amen. (1Tim 6,14-16; NeÜ)*

Der ganze Brief, in dem Paulus seine Strategie darlegt, die verfahrene Gemeinde in Ephesus wieder auf den richtigen Kurs zu bringen, ist also um das zweifache Erscheinen des unsichtbaren Gottes aufgebaut. Jesus Christus ist in die Welt gekommen, um Sünder zu retten, und einst wird er sichtbar wiederkommen, und dieses zweite Kommen wird das Ende und den Neuanfang aller Dinge bringen.

Und dieses doppelte Kommen Gottes bildet nicht nur die Klammer des 1. Timotheusbriefes, sondern die Klammer der gesamten Epoche, in der wir zurzeit leben. Dies sind die beiden großen Fixpunkte der Menschheitsgeschichte, zwischen denen wir eine klare Linie ziehen können – eine Linie, die uns zeigt, was der Sinn unseres Lebens ist und wie wir als das Haus Gottes leben können. Das Christenleben kann schwer werden. Manchmal scheint der unsichtbare Gott meilenweit von unserer Realität entfernt zu sein – besonders dann, wenn wir Ungerechtigkeit erleiden (vgl. das 5. Kapitel dieses Buches). Wie die Märtyrer in Offenbarung 6,10 rufen leidende Christen in aller Welt: *Herr, wie lange noch?* Und selbst dann, wenn das Leben gut für uns läuft, ist es nicht leicht, im Glauben und nicht im Schauen zu leben und in das Reich Gottes und nicht in die Schätze dieser Erde zu investieren. Aber Paulus macht uns Mut: Jesus ist schon einmal im Laufe der Geschichte erschienen, so real, dass man ihn berühren konnte. Und das ist die Garantie dafür, dass er noch einmal kommen wird – genauso real und verlässlich, ja, noch mehr. Wir leben auf der direkten Linie zwischen seinem ersten und seinem zweiten Kommen. Er wird bald wiederkommen.

Und während wir warten, dürfen wir uns davon stärken lassen, wer Gott ist. Hinter dem Kommen Christi liegt das unergründliche Geheimnis der Gnade und Güte Gottes. In Jesus wurde Gott klein genug, um uns in der dunklen Höhle, in der wir uns versteckt hatten, aufzuspüren und uns hinauszuführen in sein eigentlich unzugängliches Licht.

KAPITEL 6

GOTT KANN SICH NICHT ÄNDERN

Vielleicht mit das Entmutigendste, was mir je jemand an den Kopf geworfen hat, war der folgende Satz: „Ich glaube, du kannst dich gar nicht ändern." Eine solche Aussage kann einem die Luft zum Atmen nehmen. Sobald wir nicht mehr glauben, dass etwas anders werden kann, wird es dunkel in unserer Welt. Am Anfang seiner *Göttlichen Komödie* schildert Dante Alighieri den Eintritt des Erzählers in die Hölle. Über ihrem Eingangstor prangt der Spruch: „Lasst alle Hoffnung fahren, wenn ihr hier hereinkommt."[21] Besser lässt sich die totale Verzweiflung wohl kaum auf den Punkt bringen. Die Hoffnung auf Veränderung ist ja oft das, was unser Leben überhaupt noch erträglich macht.

Das große Symbol von Barack Obamas äußerst erfolgreicher Wahlkampagne im Jahre 2008 war ein von dem Künstler Shepard Fairey gestaltetes Poster, das Schultern und Kopf Obamas schematisch zeigte, dazu nur das eine Wort „Hoffnung". Die Botschaft des Posters: Veränderung ist möglich, wenn ihr diesen Kandidaten wählt.

Dass sich etwas ändern kann, ist für uns Menschen so wichtig, dass wir uns mit dem Satz „Gott kann sich nicht ändern" erst einmal schwertun. Ein Gott, der sich nicht ändern kann – kann das

21 Dante Alighieri, *La Commedia / Die Göttliche Komödie* (Stuttgart: Reclam, 2017), 43 (= 1, Hölle, 3. Gesang).

sein, ja, darf das sein? Wir sehen ja Veränderungen fast immer als etwas Positives. Ich weiß nicht mehr, wie oft ich schon Schaubilder wie das folgende gesehen habe. Ihre Botschaft ist eindeutig: Wenn es irgendwo klemmt, heißt die Antwort „Veränderung".

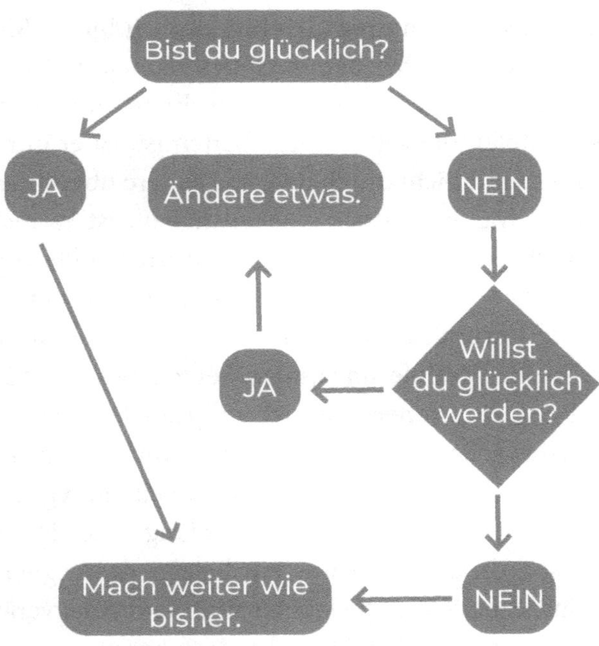

In Kapitel 3 haben wir uns damit beschäftigt, dass Gott seine Meinung nicht ändern kann. Das Thema dieses Kapitels ist ähnlich, geht aber um einiges tiefer. Es geht hier nicht um Gottes Gedanken und Worte, sondern um die Natur seines Wesens selbst. Und während es für uns Menschen gut ist, dass wir uns ändern können, wird schnell deutlich, dass es gut ist, dass Gott sich *nicht* ändern kann. Wir lesen z. B. in 1. Johannes 4,8: „Gott ist Liebe."

Was würde passieren, wenn Gott sich hier „ändern" würde? Er wäre nicht mehr Liebe oder jedenfalls nicht mehr völlig. Wäre diese Veränderung wünschenswert? Definitiv nicht.

Aber keine Sorge – dieses Kapitel will Ihnen zeigen, dass Gott sich *nicht* ändern kann. In der Einleitung haben wir uns kurz mit Gottes Selbstbezeichnung „Ich bin, der ich bin" (2Mo 3,14) beschäftigt. Tief eingeschrieben in Gottes Namen und Wesen ist der Gedanke, dass alles, was über ihn wahr *ist,* auch wahr sein *muss.* Als Schöpfer, der selbst unerschaffen ist, ist er durch sich selbst definiert und nicht durch das, was andere über ihn sagen.

Nach dem, was wir bisher gesehen haben, ist es recht unwahrscheinlich, dass Gott sich je ändert. Warum sollte er auch?

Wie weiter oben schon geschehen, können wir bei dem Thema „Veränderung" grundsätzlich zwischen *äußeren* und *inneren* Gründen für eine Veränderung unterscheiden. Bestimmt können Sie sich an Beispiele erinnern, wo sich aufgrund äußerer Faktoren bei Ihnen etwas geändert hat. Meine Nase zum Beispiel hat sich (für immer und ohne dass ich das wollte) an einem regnerischen November-Samstag verändert, als ich Anfang zwanzig war. Die Ursache dieser Veränderung war ein Spieler des gegnerischen Rugby-Teams. Eine Kraft, die stärker war als meine, veränderte mein Gesicht, ohne dass ich das verhindern konnte.

Eine ganz andere Art Veränderung, die ebenfalls von außen kam, erlebte ich als Teenager, als ein Feuerwehrmann namens Geoff in einer Schule in Devon zu uns sprach. Er erklärte uns, dass wir uns alle auf der falschen Seite einer geistlichen Schlucht befanden, die er in einer Skizze darstellte und „Sünde" nannte. Er erklärte uns, dass dieser abgrundtiefe Riss zwischen Gott und den Menschen etwas war, das wir nie und nimmer aus eigener Kraft überwinden konnten. Die Veränderung in mir geschah, als er auf seiner Skizze eine Brücke über den Abgrund legte, die die Form eines Kreuzes hatte, und erklärte, dass Jesus am Kreuz starb, damit wir über diesen Abgrund zu Gott kommen können.

Ich war christlich aufgewachsen. Unsere Familie war seit Generationen gläubig. Aber die Gottesdienste sprachen mich einfach nicht an. Ich verstand das nicht, was ich da hörte, und ich spürte auch nichts. Ich kam mir wie ein bloßer Zuschauer vor. An Weihnachten fragte ich mich, ob das mit dem „Frieden auf Erden für die Menschen seines Wohlgefallens" nicht ein bisschen übertrieben war. Am Karfreitag fand ich den Tod Jesu einfach nur furchtbar, und der Ostersonntag schien mir ein reichlich dürftiges „Happy End" zu sein.

Aber jetzt, wo Geoff zu uns sprach, machte es in mir auf einmal „Klick". Ich erkannte: Das Kreuz war ja nicht nur eine Tragödie, es war ein Triumph. Jesus starb, damit ich wirklich leben konnte. Mit einem Mal konnte ich es begreifen und spürte es in meinem Herzen. Jahrelang war ich ein bloßer Zuschauer gewesen – jetzt war ich auf einmal mittendrin, und wenn ich jetzt betete, merkte ich: Dies hier, das war *mein* Jesus – mein Jesus, der für mich gestorben war und durch den ich eine ganz neue Beziehung zu dem Gott hatte, der mein Schöpfer war.

Dies war eine handfeste Veränderung in meinem Leben, und sie kam nicht durch äußere Gewalteinwirkung, sondern durch Gedanken (womit ich die Rolle des Heiligen Geistes nicht kleinreden will). Ich erhielt neue Informationen, und in der Folge wurden mein Denken und mein Herz verändert – genauso real verändert wie damals meine Nase.

Wenn wir Menschen uns verändern, geschieht dies also entweder gegen unseren Willen durch äußere Gewalteinwirkung oder durch neue Informationen bzw. Gedanken. Und dieses Anderswerden ist eines der Dinge, die am Christsein so großartig sind: In der Kraft des Heiligen Geistes *können* wir uns wirklich verändern.

Aber kann *Gott* sich verändern? Eher nicht.

Wie wir bereits sahen, hat Gott als der Schöpfer, der selbst unerschaffen ist, keinen Rivalen. Es gibt in der ganzen Welt nichts, was er nicht gemacht hat, und dies bedeutet, dass es nichts und niemand gibt, das auch nur entfernt seine Macht hätte. Hätte Gott eine Nase, keine Macht der Welt könnte sie gegen seinen Willen verbiegen. Gott kann nicht durch irgendwelche äußeren Faktoren gezwungen werden.

Und Sie erinnern sich sicher, dass es ebenfalls unmöglich ist, dass Gott sich ändert, weil er neue Informationen oder Ideen bekommen hat. Wir wissen bereits, dass Gott seine Meinung nicht ändert und dass er keine neue Information von außen erhalten kann, weil er bereits alles weiß. Es gibt keine neuen Informationen oder Ideenkonstellationen, die seinen Plan ändern könnten.

Bleibt noch die Möglichkeit, dass Gott sich aus „inneren" Gründen ändert. Ist so etwas möglich? Über einen Teil der Antwort werden wir in Kapitel 8 nachdenken; Gott kann nicht leiden. Das Hauptmotiv zum Sich-Ändern liegt ja in dem Empfinden, dass irgendetwas nicht stimmt. Aber Gott ist – im völligen Gegensatz zu uns – in jeder nur denkbaren Hinsicht absolut vollkommen. Es ist nicht möglich, dass er „besser wird". Bei Gott würde jede Veränderung eine Veränderung zum Schlechteren bedeuten. Er ändert sich also nicht, weil jede solche Änderung etwas Negatives wäre. Er ist bereits vollkommen, er hat keine Mängel, die ihn dazu veranlassen könnten, sich zu ändern.

Aber was sollen diese Überlegungen? Sind das nicht bloße theologische Spielereien für die Experten, die nichts Besseres zu tun haben? Was „bringen" uns diese Fragen?

Die Antwort sehen wir in der Art, wie die Bibel über Gottes Unveränderlichkeit redet. Nehmen wir zum Beispiel den 102. Psalm:

Du hast einst die Erde gegründet,
und der Himmel ist deiner Hände Werk.
Sie werden umkommen, du aber bleibst.
Sie alle werden zerfallen wie ein Kleid;
wie ein Gewand wechselst du sie,
und sie werden verwandelt.
Du aber bist derselbe,
und deine Jahre enden nicht. (Ps 102,26-28)

Der Psalmdichter nimmt das Älteste und Dauerhafteste, was es in der Schöpfung gibt (die Erde und den Himmel), und vergleicht es mit Gott. Das Ergebnis: Gott ist unveränderlich, Himmel und Erde dagegen nicht. Selbst etwas so Gewaltiges wie der Grand Canyon bleibt nicht für immer und ist der Veränderung unterworfen, wenn der Zeitraum lang genug ist. Dass es ihn überhaupt gibt, liegt an der langen, allmählichen Erosion des Bodens durch den Colorado-Fluss. Und selbst die Himmelskörper (Sonne, Mond und Sterne) sind nur vorübergehende Lichter, die eines Tages erloschen sein werden: „Sie alle werden zerfallen wie ein Kleid" (V. 27).

Es ist also eigentlich nicht naheliegend, dass wir überhaupt irgendetwas als unwandelbar betrachten, aber Gott besteht darauf, dass wir ihn so sehen. Er ist anders als die gesamte Schöpfung, weil alles andere sich verändert und verschleißt wie ein altes Kleidungsstück, aber für ihn gilt: „Du aber bist derselbe, und deine Jahre enden nicht."

Dieses Wissen sollte uns ins Staunen über Gottes Größe führen. Er ist so groß, dass man ihn nur durch den Glauben erkennen kann. Er ist so weit jenseits aller irdischen Kategorien, dass wir erst dann, wenn er sich uns offenbart, auch nur anfangen können, ihn so zu sehen, wie er ist. Das haben wir jetzt schon öfters gehört, nicht wahr? Zu Recht, denn unsere Gotteserkenntnis beginnt damit, dass wir sehen, wie unerhört groß er ist.

Aber der Psalmist denkt noch an etwas anderes, wenn er über Gottes Unwandelbarkeit nachsinnt. Er beschließt den 102. Psalm folgendermaßen: „Die Söhne deiner Knechte werden wohnen bleiben, ihre Nachkommen werden vor dir Bestand haben" (V. 29). Dies ist ein Lebensfundament, das nichts und niemand erschüttern kann. Der Gott, der bleibt und immer derselbe ist, sorgt dafür, dass ich und die Generationen nach mir in Sicherheit wohnen können. In einer sich ständig verändernden Welt ist es etwas Wunderbares, einen Gott zu kennen, der sich nicht ändert.

Jesaja sagt etwas ganz Ähnliches, und zwar in dem Abschnitt vor den Versen, die ich in der Einleitung zitiert habe:

Eine Stimme spricht: Rufe!
Und ich sage: Was soll ich rufen? –
Alles Fleisch ist Gras,
und all seine Anmut wie die Blume des Feldes.
Das Gras ist verdorrt, die Blume ist verwelkt,
denn der Hauch des HERRN hat sie angeweht.
Fürwahr, das Volk ist Gras.
Das Gras ist verdorrt, die Blume ist verwelkt.
Aber das Wort unseres Gottes besteht in Ewigkeit. (Jes 40,6-8)

Diese Verse stellen die Unvergänglichkeit Gottes der tragischen menschlichen Vergänglichkeit gegenüber. Menschen sind wie „Gras". Kaum emporgewachsen, sind sie nicht mehr da, und was sie versprechen, können sie letztlich nicht halten. Ihre „Anmut“ (oder: Kraft) ist „wie die Blume des Feldes“ (V. 6). Doch Gottes Verheißungen spielen in einer anderen Liga. Gott verwelkt und vergeht nie, und genauso ist es mit seinem Wort: Wenn Gott redet, ist auch dieses Wort unwandelbar und ewig.

Auch wenn sie sich mit ihrem dünnen Papier vielleicht nicht so anfühlt – aber Ihre Bibel ist das Einzige, das Sie besitzen, was für immer bestehen bleiben wird. Nein, ich meine nicht das physische Buch (unser Hund hat einmal meine Lieblingsbibel gefressen). Aber wenn wir Gottes Wort lesen, kommen wir mit etwas in Kontakt, das so dauerhaft ist wie sonst nichts in unserem Leben. Verglichen mit den Gesetzen Gottes sind selbst die Naturgesetze in gewissem Sinne veränderlich, da sie ja eine sich verändernde Realität abbilden. Es fällt uns schwer, uns das vorzustellen, aber in den Worten, die Gott zu seinem Volk gesprochen hat, finden wir etwas, das alles überdauern wird, was die menschliche Zivilisation je geschaffen hat. Gottes Worte werden sogar die Sonne überdauern, deren wärmende Strahlen die Bäume wachsen ließen, deren Holz zu dem Papier verarbeitet wurde, auf das sie gedruckt sind.

Vielleicht hilft Ihnen dies, einen neuen Zugang zum Bibellesen zu finden. Wenn man schon längere Zeit Christ ist, passiert es ja leicht, dass man Gottes Wort nur noch aus einem gewissen Pflichtgefühl heraus liest. Doch die Bibel bietet uns in einer Welt der Unsicherheit, Ungewissheit und Unbeständigkeit Zugang zu einer Weisheit und einer Wahrheit, die sich nie verändern werden und die nie veralten. Kulturen und Nationen kommen und gehen, aber „das Wort unseres Gottes besteht in Ewigkeit“ (Jes 40,8).

Und dieses Wort sagt uns über seinen Autor, dass seine Unwandelbarkeit der Garant für unsere Sicherheit in einer Welt der Unsicherheit ist. Durch den Propheten Maleachi sagt Gott uns:

Denn ich, der Herr, verändere mich nicht; deshalb seid ihr, die Kinder Jakobs, nicht zugrundegegangen. Seit den Tagen eurer Väter seid ihr von meinen Satzungen abgewichen und habt sie nicht befolgt. Kehrt um zu mir, so will ich mich zu euch kehren! Spricht der Herr der Heerscharen. (Mal 3,6-7; SLT)

Gott ist so treu, dass er selbst angesichts der Untreue seines Volkes weiter zu ihm hält und es zu sich zurückruft. Das Wort „deshalb" in V. 6 ist ungeheuer kostbar. Gott ändert sich nicht, und „deshalb" (aus diesem und nur diesem Grund) geht Jakob nicht zugrunde. Auf Gottes Verheißungen ist Verlass. Immer.

Möglicherweise lesen Sie dieses Buch in einer Phase Ihres Lebens, in der Sie sich gerade von Gott entfernen. Ich kenne dieses Gefühl gut! Und wenn Sie auch so sind wie ich, kann das Gefühl, dass Sie dabei sind, vor Gott fortzulaufen, erschütternd sein. Was, wenn Sie sich für immer von ihm trennen? Was, wenn es schon zu spät ist? Doch so ist das nicht bei Gott. Wie Asaf, der selbst mit dem Zweifel kämpfte und versucht war, das Handtuch zu werfen, in Ps 73,26 sagt: „Mag auch mein Leib und mein Herz vergehen – meines Herzens Fels und mein Teil ist Gott auf ewig." Was uns Halt gibt, sind nicht wir selbst oder unsere Fähigkeit, an Gott dranzubleiben, sondern es ist Gottes Treue zu seinen Verheißungen. Wenn Sie sich gerade auf Abwegen befinden, gilt Gottes Wort für Sie: „Kehrt um zu mir! Und ich kehre um zu euch" (Mal 3,7). Er wird Sie nicht fallenlassen!

Dies bringt uns zu einem letzten Bibelabschnitt über Gottes Unwandelbarkeit, diesmal im Neuen Testament:

Irret euch nicht, meine geliebten Brüder! Jede gute Gabe und jedes vollkommene Geschenk kommt von oben herab, von dem Vater der Lichter, bei dem keine Veränderung ist noch eines Wechsels Schatten. Nach seinem Willen hat er uns durch das Wort der Wahrheit geboren, damit wir eine Art Erstlingsfrucht seiner Geschöpfe sind. (Jak 1,16-18)

Wieder wird Gott mit dem Höchsten in der Schöpfung verglichen – den Himmelskörpern. Die Schatten der Sonne sind im Laufe des Tages unterschiedlich lang, und die Sterne bewegen sich am Himmel, aber Gott verändert sich nicht. Jakobus ruft dazu auf, nicht an Gottes Güte zu zweifeln, egal, was passiert – denn seine Leser hatten mit allen möglichen Problemen zu kämpfen, erlebten Leiden und Verfolgung und fragten sich allmählich, ob Gott wirklich auf ihrer Seite war.

Vielleicht kennen auch Sie diese Versuchung. Es geschieht so viel Schlimmes und Schmerzliches in dieser gefallenen Welt, dass wir leicht den Schluss ziehen, dass Gott uns möglicherweise nicht liebt. Allzu leicht fallen wir in das Denkmuster, dass wir Gottes Wohlgefallen haben, wenn das Leben es gut mit uns meint – und wenn Probleme kommen, fragen wir: „Was habe ich nur falsch gemacht?" Unser Glaube an Gottes Segen steht und fällt mit dem Auf und Ab unseres Lebens.

Jakobus wendet sich gegen diese Einstellung. Gottes Liebe ist nicht wankelmütig, und sein Ratschluss für Ihr Leben steht fest. *Das* bedeutet Jakobus' Satz „Nach seinem Willen hat er uns durch das Wort der Wahrheit geboren, damit wir eine Art Erstlingsfrucht *seiner* Geschöpfe sind" (V. 18). *Das* war Gottes Ziel, als er uns rief. Der erste Schritt – die Wiedergeburt – zeigt uns, dass Gott fest entschlossen ist, uns bis ans Ziel zu bringen, als Erstlingsfrucht seiner Schöpfung.

Mein Leben ist voll von Dingen, die ich nie zu Ende gebracht habe. Ich habe den roten Gürtel in Jiu-Jitsu, aber nicht den schwarzen, weil ich nach unserem Umzug nicht den richtigen Club fand. Ich habe im Trompetenspiel die Stufe 5 erreicht, aber nicht die 8, weil ich als Teenager eine Zahnspange bekam und daraufhin eine „Pause" in meinem Trompetenstudium einlegen musste, die nie aufgehört hat. Ich weiß, wie es ist, etwas anzufangen, aber nicht zu Ende zu bringen. Danken Sie Gott, dass er nicht so ist wie wir. Er hat nie etwas angefangen und dann nicht zu Ende gemacht. Was er anfängt, erreicht immer sein Ziel. Und das ist bei den Menschen, die ihm gehören, genauso, weil bei ihm „keine Veränderung ist noch eines Wechsels Schatten". Was für ein Glück!

In dem großen Kirchenlied „Bleib bei mir, Herr!" von Henry Francis Lyte finden sich die folgenden wunderbaren Worte, die den ganzen Trost, der in Gottes Unwandelbarkeit liegt, zum Ausdruck bringen:

Umringt von Fall und Wandel leben wir.
Unwandelbar bist du: Herr, bleib bei mir![22]

Wenn wir, müde nach einem weiteren Tag in einer Welt der Unberechenbarkeit, die Vorhänge zuziehen und uns schlafen legen, können wir diese Worte als Nachtgebet sprechen und in Frieden einschlafen, in dem Wissen, dass Gott sie immer erhören wird.

22 Deutsche Fassung in: *Gesangbuch der Evangelisch-methodistischen Kirche* (Stuttgart: Medienwerk der Evangelisch-methodistischen Kirche GmbH, 2002), Nr. 660. (Anmerkung des Übersetzers)

KAPITEL 7

GOTT KANN NICHT EINSAM SEIN

„Niemand ist eine Insel", schrieb einst der englische Dichter John Donne im 17. Jahrhundert. Was rund 400 Jahre später der Schauspieler und Komiker Robin Williams mit dem Satz ergänzte: „Aber ein paar sind Halbinseln." An beiden Sätzen ist etwas dran. Was wir Menschen auch anstellen – weil wir als Beziehungswesen geschaffen sind, können wir nie völlig unabhängig sein.

Wir sind buchstäblich von unserem ersten Atemzug an abhängig. Ein Baby braucht nicht nur körperliche Fürsorge, wenn es sich gut entwickeln soll, es braucht auch Liebe. In ihrem Buch *Die Kraft der Elternliebe* erklärt Sue Gerhardt, was mit Menschen geschieht, die in ihren ersten beiden Lebensjahren keine positiven sozialen Kontakte erleben. Es wird uns vielleicht nicht überraschen, dass Vereinsamung nicht gut für die emotionale und geistige Entwicklung ist, aber das Gleiche gilt für die körperliche Entwicklung. Ein schockierendes Beispiel, das Gerhardt bringt, sind rumänische Waisenkinder, die in einem Kinderheim aufwuchsen, wo sie zu essen bekamen und es warm hatten, aber wo sich ansonsten niemand um sie kümmerte. Gerhardt schreibt: „Diejenigen Kinder, die keine Körperkontakte zu Erwachsenen hatten und den ganzen Tag nur in ihrem Bettchen lagen, hatten dort, wo eigentlich ihr orbitofrontaler Cortex sein sollte, praktisch ein Loch."[23] Ein Teil ihres Gehirns hatte sich schlicht nicht entwickelt.

Niemand kann sich ohne andere Menschen weiterentwickeln, kann ohne andere ganz er selbst sein. Die meisten von uns in den westlichen Ländern neigen ja dazu, sich als Individuen zu sehen, die sich ihre Beziehungen nach Belieben selbst aussuchen, aber die Realität sieht anders aus. Es gibt kein „Ich" (zumindest nicht im vollen Sinne) ohne die anderen. Mit anderen Worten: Wir *haben* nicht nur Beziehungen, wir *brauchen* sie. Sie sind Teil dessen, was wir sind. Das ist der Grund, warum wir uns ohne sinnvolle Beziehungen einsam fühlen. Und Einsamkeit ist in unserer Gesellschaft ein immer größeres Problem – vielleicht auch für Sie persönlich.

Das wirft interessante Fragen auf, wenn es um Gott geht. Sind Beziehungen für ihn unerlässlich? Die Aussage „Gott kann nicht einsam sein" legt hier zunächst einmal die Antwort „nein" nahe. Menschen werden einsam, wenn sie keine Beziehungen haben, weil Beziehungen zu haben zu ihrem Wesen dazugehört. Wenn Gott nicht einsam sein *kann,* heißt dies offenbar, dass bei ihm die Sache mit den Beziehungen anders funktioniert. Zum Beispiel so, dass er grundsätzlich unnahbar, kalt, distanziert ist.

Wie wir noch sehen werden, ist dies zu unserem Glück nicht der Fall. Aber er ist von seiner Schöpfung unabhängig. Es ist nicht so, dass Gott das, was er erschaffen hat, *bräuchte,* um irgendein Defizit in sich selbst auszugleichen. Wäre dies anders, bestünde die Gefahr, dass wir das Universum quasi vergöttlichen: Wenn Gott ohne seine Schöpfung unvollständig wäre, wäre das Universum

23 Sue Gerhardt, *Why Love Matters* (Brunner-Routledge, 2004), S. 38, dt. *Die Kraft der Elternliebe – wie Zuwendung das kindliche Gehirn prägt* (Walter, Düsseldorf 2006)

für ihn notwendig und daher gewissermaßen gleichrangig. Das stünde aber im Widerspruch zu Gottes Selbstoffenbarung: „Ich bin, der ich bin" (2Mo 3,14). Gottes Existenz ist nicht von einer sich verändernden Schöpfung abhängig. Wir haben ja bereits in einem früheren Kapitel gesehen, dass es gerade umgekehrt ist: Die Schöpfung könnte nicht existieren, wenn Gott sie nicht vollständig kennen würde.

Wenn jedoch diese Unabhängigkeit von der Schöpfung alles wäre, was wir über Gott wissen, dann wäre es sehr merkwürdig, von einer Beziehung zu ihm zu sprechen, wie es die Christen tun. Die alten griechischen Philosophen wie Aristoteles glaubten, dass es eine „erste Ursache" hinter dem Universum geben müsse, also einen Gott, aber dass dieses Wesen zu fern für uns sei, als dass man es erkennen könnte. In den alten christlichen Irrlehren finden wir oft Spuren dieses Denkens. Die Arianer des 4. Jahrhunderts verneinten die volle Göttlichkeit Jesu, und sie taten dies zum Teil wegen seines Umgangs mit den erschaffenen Dingen. Für sie war es unmöglich, dass ein unnahbarer Gott derart auf Tuchfühlung mit seiner Schöpfung gehen kann.

Bei den zeitgenössischen Religionen ist es der Islam, dessen Gott ähnlich „allein" ist wie der der alten Griechen. Auch hier stellt sich die Frage, wie eine Beziehung zu Gott möglich sein soll. Eine persönliche Beziehung des Geschöpfes mit Allah erscheint als Ding der Unmöglichkeit. Wenngleich für Menschen Liebe eine unausweichliche Notwendigkeit darstellt, kann dies doch in ihren Augen nicht für einen Gott gelten, wenn er vollkommen und einzig außerhalb der Zeit vor der Schöpfung existierte.

Jede Beziehung, die man zu solch einem Gott haben könnte, wäre etwas Unnatürliches. Liebe kann unmöglich Ausdruck seines Wesens sein, denn Liebe bedeutet ja Hingabe an jemand anderen. Und deshalb wäre die „Liebe“, die er uns erweisen könnte, bloß äußerlich und kein Ausdruck seines Wesens. Man fragt sich sogar, ob man hier überhaupt noch von einem „Er“ sprechen kann oder es vielmehr mit einem „Es“ zu tun hat, denn eine Person, wie wir sie verstehen, ist von Natur her auf Beziehungen angelegt.

Aber wenn wir das Neue Testament aufschlagen, finden wir dort erstaunliche Worte wie: „Gott ist Liebe“ (1Jo 4,8). Und wenn wir das ernst nehmen, müssen wir zu dem Schluss kommen, dass Beziehungen für Gottes Identität genauso wichtig sind wie für unsere Identität als Menschen. Dies mag nur folgerichtig sein, wenn wir daran denken, dass der Mensch nach Gottes Bild erschaffen ist, aber in der Welt der strikt monotheistischen Religionen stellt es Sprengstoff dar.

Und so stehen wir da und fragen uns: Wie kann Gott wirklich wahrhaft Gott sein (also unabhängig von allem anderen) und trotzdem bis ins Innerste hinein beziehungsfähig?

Nun, derselbe Johannes, der den Satz „Gott ist Liebe“ schrieb, verfasste auch einen Bericht über das Leben Jesu, der um dieses Geheimnis kreist. Vom ersten Satz des Johannesevangeliums („Im Anfang war das Wort, und das Wort war bei Gott, und das Wort war Gott“, Joh 1,1) bis zu seinem Epilog will Johannes uns etwas ganz Bestimmtes über Jesus mitteilen. Er fasst es so zusammen:

> *Auch viele andere Zeichen hat [...] Jesus vor den Jüngern getan, die nicht in diesem Buch geschrieben sind. Diese aber sind geschrieben, damit ihr glaubt, dass Jesus der Christus ist, der Sohn Gottes, und damit ihr durch den Glauben Leben habt in seinem Namen. (Joh 20,30-31)*

Johannes will uns nicht nur zeigen, dass Jesus göttlich ist, sondern dass er Gott ist und uns daher erlösen kann und unserer Anbetung wert ist. Er will, dass wir erkennen, dass Jesus *„der Sohn* Gottes" ist. Vielleicht ahnen Sie schon, warum er sich so präzise ausdrückt.

Der Gedanke, dass Jesus wahrhaftig göttlich ist *und* dass er mit dem Göttlichen in einer ganz bestimmten Beziehung steht, ist die zentrale Aussage des christlichen Glaubens, die diesen von allen anderen Glaubenssystemen, die je von Menschen vertreten worden sind, unterscheidet. Hören wir noch einmal die Einleitung des Johannesevangeliums: „Das Wort war bei Gott, und das Wort war Gott." In diesem einen Satz steckt eine ganze neue Welt.

Mit diesen Worten über Jesus zeigt Johannes uns einen Gott, der unserer menschlichen Situation einen Sinn geben kann, während er gleichzeitig die Gottesoffenbarung des Alten Testaments aufrechterhält, wo Gott als unabhängiger, für sich selbst existierender Gott beschrieben wird. Gott kann, wie wir, nicht ohne Liebe existieren, aber diese Liebe ist nicht von irgendwelchen anderen Wesen abhängig, weil Gott bereits von Ewigkeit her in einer Beziehung existiert. Gott *kann* gar nicht einsam sein, weil er in sich selbst nie allein ist. Er ist nicht Einer, sondern Drei. Er ist die Dreieinheit Gottes – die Trinität.

Im Leben, im Tod, in der Auferstehung und der Himmelfahrt des Herrn Jesus Christus bekommen wir einen atemberaubenden Einblick in die Realität Gottes selbst, der als Vater, Sohn und Heiliger Geist in einer ewigen, unauflösbaren Liebesbeziehung existiert. Gottes trinitarisches Sein hat eine ganze Reihe von Konsequenzen für die Art, wie wir Gott, uns selbst und die Welt um uns herum sehen.

Zunächst einmal haben wir es mit einem Gott zu tun, der nicht nur lieben kann, sondern bei dem Liebe Ausdruck seines innersten Wesens ist. Gott ist Liebe, und als Dreieinheit ist er der vollkommene Ausdruck der Liebe. Der Theologe Richard von St. Viktor (12. Jahrhundert) sagte, dass sich die Liebe der Dreieinheit Gottes nicht nur zwischen zwei Personen entfalten kann, sondern auch als Liebe der beiden gegenüber einem Dritten (dem Heiligen Geist).[24] In einer Welt, die wir ohne sinnvolle Beziehungen nicht verstehen und in der wir auch nicht leben könnten, finden wir hier einen Gott, bei dem alles aufgeht und der dem Ganzen einen Sinn geben kann.

Ja, mehr noch: Dieser Gott kann selbst den Einsamsten und Entfremdetsten unter uns die Möglichkeit einer wahren Beziehung bieten – einer Beziehung, in der wir vorbehaltlos vertrauen können und die uns bis in die Tiefen unserer Seele heil machen und unsere Sehnsucht stillen kann. Wie es in der Einleitung zum Johannesevangelium weiter heißt: „So viele ihn [Jesus, den Sohn Gottes] aber aufnahmen, denen gab er das Recht, Kinder Gottes zu werden, denen, die an seinen Namen glauben; die nicht aus Geblüt, auch nicht aus dem Willen des Fleisches, auch nicht aus dem Willen des Mannes, sondern aus Gott geboren sind“ (Joh 1,12-13). Gott der Vater ist wirklich ein Vater, und – wie undenkbar dies auch für jemanden klingen mag, der zu ahnen beginnt, was das Gott-Sein Gottes bedeutet – er kann *unser* Vater werden. Dies ist keine *Rolle,* die Gott gegenüber seinem Volk einnimmt, sondern er *ist* in seinem Wesen ein Vater.

---

24 Richard von St. Viktor, *De Trinitate,* besonders Buch V.
A. d. V.: siehe dazu weiter https://de.wikipedia.org/wiki/Richard_von_St._Viktor#Theologische_Relevanz, Abruf am 14.3.2023.

Ein anderes Bild, das Gott in der Bibel häufig zur Beschreibung seiner Beziehung zu seinem Eigentumsvolk benutzt, kann uns hier weiterhelfen. Es ist das Bild vom Bräutigam und der Braut. So spricht Johannes der Täufer über Jesus: „Wer die Braut bekommt, ist der Bräutigam. Der Freund des Bräutigams steht dabei und freut sich von Herzen, wenn er dessen Stimme hört. Das ist auch jetzt meine ganze Freude" (Joh 3,29; NeÜ). Auch der Apostel Paulus gebraucht dieses Bild, wenn er 1. Mose 2,24 zitiert: „Deswegen wird ein Mensch Vater und Mutter verlassen und seiner Frau anhängen, und die zwei werden *ein* Fleisch sein" (Eph 5,31). Mit anderen Worten: Die Beziehung zwischen Jesus und seiner Gemeinde ist der Beziehung zwischen einer Braut und ihrem Bräutigam so ähnlich, dass die beiden wirklich eine Einheit werden.

Doch mehr noch: Mit dem Sohn eins zu sein bedeutet auch, eine Beziehung zu seinem Vater zu bekommen. Das Eins-Sein mit dem, der seinem Wesen nach *Sohn* ist, gibt uns Anteil an dem Vorrecht dieses Sohnes, Gott *Vater* zu nennen. Als Christen werden wir in die ewige Liebesbeziehung zwischen dem Vater und dem Sohn hineingenommen. Können Sie sich das vorstellen? Kein Wunder, dass Paulus in Epheser 5,32 fortfährt: „Dieses Geheimnis ist groß."

Das ist es wirklich! Wenn Sie Christ sind, dann betrachtet Gott Sie etwa so wie ein Bräutigam, der sieht, wie der Brautführer seine Braut durch den Mittelgang der Kirche zu ihm hin führt. Die Liebe, die Gott zu jedem einzelnen Christen hat, ist die Liebe, die von Ewigkeit her zwischen dem Vater und dem Sohn bestanden hat. Wir leben ja in einer Kultur, die von Liebe und Romantik wie besessen ist. Man redet uns ein, dass die Patentlösung für unsere innere Einsamkeit darin bestünde, nicht allein ins Bett zu gehen. Doch der Christ kann unter dem trostvollen Blick seines Vatergottes einschlafen und wieder aufwachen.

Eine weitere Konsequenz aus Gottes trinitarischem Wesen ist, dass es uns darüber nachdenken lässt, *wer* wir als Menschen im Innersten sind. Wir leben in einer Zeit, in der sich alles um „Identität" und „Authentizität" dreht. Dass wir alles daran zu setzen haben herauszufinden, wer wir „wirklich" sind, und dass wir „uns selbst treu sein" sollen, wird in der westlichen Kultur des 21. Jahrhunderts so ziemlich von niemandem bestritten, während gleichzeitig eine immer größere Verwirrung um diese Begriffe herrscht. Könnte es sein, dass wir dann, wenn wir auf uns selbst starren, an der falschen Stelle suchen? Was, wenn ich kein sinnvolles Leben haben kann ohne ein Netzwerk gegenseitiger Beziehungen? Was, wenn meine „Authentizität" nicht in der großen Selbstverwirklichung liegt, sondern in der sich selbst verschenkenden Liebe zum Nächsten?

Es kann unser Leben ungeheuer verändern, wenn wir dies begreifen. Vor ein paar Jahren klingelte abends gegen 22 Uhr das Telefon. Wir feierten gerade den Geburtstag meiner Frau. Die Stimme am anderen Ende der Leitung fragte, ob ich der Pastor sei. Ich entschuldigte mich bei den Gästen und ging mit dem Telefon in mein Arbeitszimmer. Die Anruferin fuhr fort: „Wird Gott mir vergeben, wenn ich mich umbringe?" Ich fand es das Beste, nicht darauf zu antworten, sondern meinerseits ein paar Fragen zu stellen. Es entwickelte sich ein längeres Gespräch, und wir einigten uns auf ein persönliches Treffen am nächsten Morgen.

Es wurde ein langes und zum Teil sehr schmerzliches Treffen. Manches von dem, was diese Christin erlebt hatte, konnte einem das Herz brechen. Aber das Allerschlimmste war, dass sie den Eindruck bekommen hatte, ihr Leben sei leer und nichts mehr wert. Sie war völlig am Ende. Doch, sie glaubte an Jesus, aber sie kam sich nutz- und wertlos vor.

Als sie mir ihre Geschichte erzählte und wie sie darum kämpfte, Gott trotz allem zu lieben und zu ehren, merkte ich, was für ein Vorrecht es war, ihr gegenüberzusitzen. Vor mir saß ein geliebtes Kind Gottes, das inmitten von Nöten und Problemen, die ich mir kaum vorstellen konnte, versuchte, am Glauben festzuhalten. Unser Gespräch wandte sich dem Thema zu, dass Gott die Welt so eingerichtet hat, dass wir einander als Beziehungspartner brauchen. Es geht dabei nicht nur darum, was wir ganz praktisch füreinander tun können, sondern dass die Nachfolge Christi ihren tiefsten Ausdruck in der Liebe findet, die von sich selbst wegsieht und dem Nächsten dient. Allein schon dadurch, dass sie zuließ, dass andere Menschen in der Gemeinde sie liebten, konnte diese Frau etwas tun, was einen großen Wert hatte.

Nun bin ich nicht so naiv zu glauben, dass sich schwere psychische Probleme in Wohlgefallen auflösen, wenn man dem Betreffenden rät, die Welt mit anderen Augen zu sehen. Als ich an jenem Abend am Telefon mit dieser Frau sprach, legte ich erst auf, als ich wusste, dass jemand von unserem psychologischen Notfallteam bei ihr war, sodass die unmittelbare Gefahr gebannt war. Aber – und dies ist zumindest teilweise eine Folge unserer Gespräche – in den folgenden Monaten sahen wir eine echte Veränderung im Leben dieser Schwester in Christus. Sie fasste wieder Mut, sich auf Menschen einzulassen, und wurde Mitglied unserer Gemeinde. Nach und nach begann sie, offen dafür zu werden, dass ihr Wert ja nicht so sehr in dem lag, was sie tat, sondern in ihren Beziehungen – zuerst in der Beziehung zu Gott und danach auch in den Beziehungen zu ihren Brüdern und Schwestern. Ihr Leben entwickelte sich wirklich positiv, und noch heute danke ich Gott für alles, was er mir durch diese Frau gezeigt hat, und für den tiefen Segen, den ich in meinen Dienstjahren in dieser Gemeinde empfangen habe, weil ich sie kennenlernen durfte.

Es ist eine gute Nachricht, dass Gott nicht einsam sein kann. In seinem Sein bestehen vollkommene Liebesbeziehungen – und es sind solche Beziehungen, die im Mittelpunkt unserer Identität als Menschen stehen müssen. Wie finde ich mich selbst? Indem ich mich anderen hingebe. Mein wahres Selbst finde ich dann, wenn ich anfange, mich nicht mehr in den Mittelpunkt zu stellen. In einer Welt, die nachts wach liegt und grübelt, wer oder was sie ist, können Christen unter den Flügeln eines Gottes ruhig schlafen, der Liebe ist. Und in unseren einsamsten Nächten, wenn wir einen Lieben verloren haben oder unser Herz zerbrochen ist, finden wir hier Trost und Hilfe. Zu Gott zu gehören heißt, in seiner sich selbst verschenkenden Liebe geborgen zu sein und das Wohl des Nächsten zu suchen.

KAPITEL 8

GOTT KANN NICHT LEIDEN

Es gibt in der Medizin ein relativ seltenes Phänomen (es betrifft ungefähr einen von 25 000 Menschen), das man „angeborene Schmerzunempfindlichkeit" nennt. Wer daran „erkrankt" ist, kann keine Schmerzen spüren.

Auf den ersten Blick möchte man diese Menschen vielleicht beneiden. Keine Schmerzen zu haben – ist das nicht prima? Aber wie Claire Resuggan, deren Sohn Tyler an diesem Syndrom leidet, einem Reporter berichtete, ist es eher ein Albtraum. „Das ist furchtbar und lebensgefährlich."[25] Mit acht Jahren war Tyler bereits 27-mal in der Unfallklinik gewesen und konnte für jedes Jahr einen Knochenbruch vorweisen, einschließlich eines Schädelbruchs. Und es wird Sie vielleicht nicht wundern, dass dieses Syndrom deshalb bei Erwachsenen noch seltener vorkommt als bei Kindern ...

Schmerzen können furchtbar sein. Ich habe Freunde, deren chronische Schmerzen ihnen die Teilhabe am normalen Leben fast völlig unmöglich gemacht haben. Aber Schmerzen sind auch ein wichtiger Bestandteil des Lebens. Ohne sie wird der Alltag gefährlich. Die Fähigkeit, Schmerzen zu empfinden, ist gut für den Menschen – auch wenn der Hauptnutzen darin liegt, dass

25 Candice Fernandez, „Real-life superhero: The Boy who can't feel pain", *New Zealand Herald,* 8. Mai 2017. https://www.nzherald.co.nz/lifestyle/real-life-superhero-the-boy-who-cant-feel-pain/CPSZIL5KCQ43G4PF7XPIICEVNE/ (Zugriff am 1. Dezember 2020).

wir lernen, Schmerzen zu vermeiden. Es klingt ironisch, aber Schmerzen scheinen in der gefallenen Welt, in der wir leben, notwendig für unser Wohlergehen zu sein.

Aber versuchen Sie einmal, jemandem wie Tyler, der seine Hand ohne mit der Wimper zu zucken in kochendes Wasser tauchen kann, zu erklären, was Zahnschmerzen sind. Es fällt uns denkbar schwer, uns ein Bild von etwas zu machen, das wir nicht selbst erfahren können. Wie kann sich jemand, der keinen Schmerz empfinden kann, auch nur entfernt vorstellen, was Schmerz ist?

Deshalb wirft die Überschrift dieses Kapitels – dass Gott nicht leiden kann – beim näheren Nachdenken Fragen auf. Wenn Gott nicht leiden kann, bedeutet das nicht, dass er *unser* Leiden nicht verstehen kann? Wie soll er Mitleid haben können, wenn er nicht weiß, was Leid ist? Könnte Gott jemand sein, den unser Leiden völlig kalt lässt?

Doch solch ein Gottesbild wäre nicht nur abstoßend, sondern auch zutiefst unbiblisch. In der Bibel finden wir einen Gott, der seine Beziehung zu seinem Volk so beschreibt:

> *Kann denn eine Frau ihren Säugling vergessen, eine Mutter ihren leiblichen Sohn? Und selbst wenn sie ihn vergessen könnte, ich vergesse dich nie! (Jes 49,15; NeÜ)*

Dies ist kaum das Bild eines kalten, gefühllosen Gottes. Gott lädt uns ein, sich das Fürsorglichste vorzustellen, was es gibt – eine Mutter, die ihr Baby stillt –, und fährt fort, dass *seine* Liebe noch weitaus tiefer, herzlicher und verlässlicher ist. Und jede Mutter (auch die von Tyler) weiß, was es heißt, mit ihrem Kind mitzuleiden.

In Anbetracht dessen wird es Sie vielleicht überraschen, dass fast die gesamte Kirchengeschichte hindurch die Theologen fast einstimmig der Meinung waren, dass Gott nicht leiden kann. In den frühen Jahrhunderten der Kirche gingen alle rechtgläubigen Theologen, ja, selbst die meisten Häretiker von der sogenannten *Impassibilität* (Leidensunfähigkeit) Gottes aus. Auf den ersten vier ökumenischen Konzilien, auf denen die großen Glaubensbekenntnisse entstanden[26], war die Impassibilität Gottes eine der Grundideen, die bei allen Debatten über die Inkarnation des Sohnes Gottes im Hintergrund standen.

Spulen wir die Geschichte ein gutes Jahrtausend nach vorne, finden wir die Impassibilität Gottes in den großen reformatorischen Bekenntnisschriften wieder. Sowohl die *39 Artikel* der Anglikanischen Kirche als auch das *Westminster Bekenntnis*[27] beschreiben Gott als „ohne Körper" und „ohne Leidenschaften". Hier geht es uns vor allem um die „Leidenschaften" (*impassibel* bedeutet ja wörtlich „ohne Passionen"). Heutzutage neigen wir dazu, Leidenschaften für etwas Positives zu halten, doch das Wort „Leidenschaft" hat eher mit Leiden bzw. Leidensfähigkeit zu tun (vgl. das lateinische *Passion*) und meinte früher eine emotionale Reaktion, die einen kontrolliert und beherrscht.

Also: Fast die ganze Kirchengeschichte hindurch war es eine ausgemachte Sache, dass Gott nicht leiden kann. Wie konnten die früheren Christen auf etwas beharren, das uns heute so abwegig erscheint?

Nun, in der christlichen Theologie, sofern sie im Gehorsam gegenüber Gottes Offenbarung betrieben wird, erscheint einem vieles zunächst äußerst abwegig, völlig gegen die Intuition. Wir

---

26 Dies waren die Konzilien von Nicaea (325 n. Chr.), Konstantinopel (381), Ephesus (431) und Chalcedon (451).

27 *39 Articles of Religion* (1562), Article 1; *Westminster Confession of Faith* (1646), Chapter II, Article 1.

neigen intuitiv dazu, Gott an uns selbst zu messen, und wenn wir dann auf einen Gott treffen, der in vieler Hinsicht radikal anders ist als wir, müssen wir immer wieder die inneren Bilder, die wir uns von ihm gemacht haben, revidieren. Wie er durch den Propheten Jesaja sagt:

> *Denn meine Gedanken sind nicht eure Gedanken, und eure Wege sind nicht meine Wege, spricht der HERR! Denn so viel der Himmel höher ist als die Erde, so sind meine Wege höher als eure Wege und meine Gedanken als eure Gedanken. (Jes 55,8-9)*

Wenn Theologie uns nicht manchmal sehr unbequem wird, betreibt man sie nicht richtig.

Wir dürfen auch nicht vergessen, dass die Tatsache, dass Gott nicht leiden kann, für unsere Vorfahren im Glauben keine Vorstellung war, die losgelöst war von all dem Übrigen, was sie über Gott glaubten. Wir sehen dies zum Beispiel in den Ausdrücken „ohne Körper“ und „ohne Leidenschaften“ in den beiden oben zitierten englischen Bekenntnisschriften. So wie Gott nicht die gleiche Beziehung zum physischen Raum hat wie wir (er hat keinen Leib), ist auch sein Gefühlsleben nicht mit dem unseren zu vergleichen.

Vielleicht hilft Ihnen hier der folgende Gedanke: Wie kann ein zeitloses Wesen leiden? Leiden ist ja eine Reaktion auf etwas, was uns widerfährt, und wie wir in dem Kapitel „Gott kann nicht lernen“ sahen, sitzt Gott nicht wie wir in der raum-zeitlichen Welt und reagiert auf irgendwelche Dinge, die geschehen; er existiert auf eine andere Art und so, dass er jeden Moment in Raum und Zeit gleichzeitig im Blick hat.

Erinnern Sie sich noch daran, was wir im 1. Kapitel über Gottes Vollkommenheit sagten? Wenn nicht, lassen Sie mich Ihr

Gedächtnis auffrischen. Als der Schöpfer aller Dinge ist Gott die Quelle alles Guten. Es gibt also nichts Gutes, das ihm fehlen würde, und man kann ihn nicht „verbessern", indem man ihm etwas gibt oder wegnimmt. Er ist gänzlich unabhängig von der Schöpfung; er „braucht" sie nicht. Er formt sie, aber sie formt ihn nicht.

Eine „Leidenschaft", so wie sie theologisch verstanden wird, ist nicht identisch mit einem Gefühl, sondern sie ist eine innere Reaktion, die uns im Griff hat. Wenn die Schöpfung Gott zu einer von ihm nicht gewollten Reaktion bringen könnte, dann wäre Gott an dieser Stelle in gewisser Weise von der Schöpfung abhängig, und sie hätte Macht über ihn. Es steht also eine Menge auf dem Spiel bei der Frage, ob Gott leiden kann oder nicht. Die Behauptung, dass er leiden kann, mag ganz harmlos aussehen, doch in Wirklichkeit wirft sie einige ernste Fragen über Gottes Wesen auf.

Es ist hier absolut wichtig, dass wir begreifen, dass ein Gott, der nicht leiden kann, nicht dasselbe ist wie ein Gott, dem das Leiden egal ist! Impassibilität ist nicht dasselbe wie Apathie. Gott mag keine Leidenschaften haben, aber er hat sehr wohl Mitleid. Weder unsere Sünden noch unser Leid sind ihm egal. Wir dürfen seine Impassibilität nicht so betonen, dass wir die anderen Aussagen, die die Bibel über ihn macht, außen vor lassen. Die Bibel stellt Gottes Beziehung zu uns in Bildern dar, die wir als Geschöpfe verstehen können. Wir sollten nie vergessen, dass ihn unsere Rebellion „betrübt" (Ps 78,40), dass er sich über unsere Buße „freut" (Lk 15,10) und dass er sich in unserer Not über uns „erbarmt" (Ps 72,12-14). Wie der große Theologe Charles Hodge von der Princeton University schrieb:

Die Heilige Schrift macht sich nicht über uns lustig, wenn sie sagt: „Wie sich ein Vater über Kinder erbarmt, so erbarmt

> *sich der* Herr *über die, die ihn fürchten" (Ps 103,13). Er meinte, was er sagte, als er sich als „Jahwe, Jahwe, Gott, barmherzig und gnädig, langsam zum Zorn und reich an Gnade und Treue" bezeichnet (2Mo 34,6).*[28]

Lagen die Kirchenväter etwa falsch, als sie feststellten, dass Gott nicht leiden kann? Manche modernen Denker würden diese Frage bejahen. Etwa ab der Mitte des 19. Jahrhunderts wurde in der Theologie die Position populär, dass die Theologen der alten Kirche unbiblisches „griechisches" Gedankengut in die christliche Überlieferung hineingeschmuggelt hätten, das jetzt endlich durch die „aufgeklärten" Theologen entlarvt und korrigiert würde. Es hieß, dass der nicht leidensfähige Gott mehr mit Aristoteles' „unbewegtem Beweger" zu tun habe (einem Wesen, das von der Schöpfung so distanziert ist, dass nichts es erschüttern kann) als mit dem barmherzigen Gott der Bibel.

Das Problem mit dieser Position ist das gleiche wie bei so vielen anderen Theorien, die eine Patenterklärung vergangener „Irrtümer" anbietet: Sie funktioniert bestens, solange man die Fakten nicht hinterfragt. Die Theologen der alten Kirche, deren Schriften wir kennen, argumentierten von der Bibel her; und

---

28 Charles Hodge, *Systematic Theology*, vol. 1 (Logos Research Systems, Inc., 1997), S. 429. Man beachte, dass Hodge ein entschiedener Vertreter der „klassischen" Lehre von Gott war, einschließlich der Vorstellung von der Impassibilität. In demselben Band schreibt er auch: „Zum Wesen Gottes, das in sich selbst unendlich, ewig und unveränderlich ist, gehören gewisse vollkommene Eigenschaften, die uns durch die Beschaffenheit unserer menschlichen Natur und durch das Wort Gottes geoffenbart sind. Diese vollkommenen Eigenschaften sind Attribute Gottes, die wesentlich für die Art seines göttlichen Wesens sind und zwangsläufig zu unserem Gottesbild beitragen." (S. 368)

wenn sie manchmal die Sprache der griechischen Philosophen benutzten, dann nur, um die theologische Diskussion möglichst klar und präzise zu machen. Selbst ein Theologe wie Tertullian (ca. 160–220 n. Chr.), der so allergisch auf die griechische Philosophie reagierte, dass er einmal fragte: „Was hat Athen mit Jerusalem zu tun?", war ein Verfechter der Impassibilität Gottes. In seinem Werk *Gegen Marcion* verteidigt er die Einzigartigkeit Gottes so:

> *Die lebendige und echte Gottheit dagegen beruht weder auf der Neuheit noch auf dem Altertum, sondern auf der Wahrheit. Die Ewigkeit kennt keine Dauer; denn alle Zeit ist in ihr. Was man selbst hervorbringt, dem kann man nicht unterworfen sein.*[29]

Das ist der Grund dafür, dass ein Gott, der keine Leidenschaften hat, trotzdem Mitleid zeigen kann. Während Leidenschaften spontane Reaktionen auf ein von außen kommendes Ereignis sind, die wir nicht steuern können, ist Mitleid ein Ausdruck von Gottes innerem (und ewigem) Wesen. Es ist nicht so, dass Gott „gefühllos" wäre (wenn wir dieses Wort überhaupt gebrauchen können), sondern dass das, was er „fühlt", aus seinem Charakter hervorgeht und nicht von außen in ihn eindringt. Und in diesem Sinne kann er nicht „leiden" (und „leiden" bedeutet ja, etwas tragen bzw. durchmachen zu müssen).

Die Christen der alten Kirche – selbst die entschieden antiphilosophischen wie Tertullian – wussten darum, dass Gott in höchstem Maße und unveränderlich *gesegnet, selig* oder *gepriesen* ist, das heißt, dass er vollkommen erfüllt ist von allen guten Dingen. Anders (und

29 Tertullian, *Die fünf Bücher gegen Marcion.* (Adversus Marcionem) In: *Tertullians sämtliche Schriften.* Aus dem Lateinischen übersetzt von Karl Adam Heinrich Kellner. Köln 1882, Buch 1, 8. Cap., https://bkv.unifr.ch/de/works/cpl-14/versions/die-funf-bucher-gegen-marcion-bkv/divisions/10.

vielleicht sehr vereinfacht) ausgedrückt: Noch glücklicher als Gott kann niemand sein. Wie sollte er dann leiden können?

Die Vorstellung, dass Gott in höchstem Maße gesegnet oder gepriesen ist, stammt nicht von den Griechen, sondern direkt aus Gottes Selbstoffenbarung in der Bibel. Wie Sie vielleicht wissen, galt der Bundesname Gottes bei den Juden zur Zeit Jesu als so heilig, dass man ihn nicht laut aussprechen durfte. Und so fragt der Hohe Priester Jesus in Markus 14,61: „Bist du der Messias, der Sohn des *Hochgelobten?*" Die Bezeichnung Gottes als „hochgelobt" oder „gepriesen" war damals so verbreitet, dass im Neuen Testament nur Gott selbst mit diesem Wort bezeichnet wird.[30] Wenn wir also sagen, dass Gott nicht leiden kann, meinen wir eigentlich Gottes Identität als „der Gesegnete" bzw. „Hochgelobte" – das Wesen, das die Quelle alles Guten ist und dem nichts mangelt.

Nach alldem bleiben immer noch viele Fragen offen: Wie verhält Gott sich denn nun zu dieser gefallenen Welt? Wie kann man sagen, dass er unser Leid versteht und sich zu Herzen nimmt, und andererseits behaupten, dass unser Leid nichts an seiner seligen Vollkommenheit ändert? Nun, wie bei so vielen anderen Dingen müssen wir irgendwo aufhören mit unseren Fragen und akzeptieren, dass es Dinge gibt, die wir nie verstehen werden. Womit ich nicht sagen will, dass wir diesen Punkt in diesem Kapitel schon erreicht haben! Es gäbe noch vieles zu sagen zu diesem Thema, aber ich fürchte, es würde ein ganz anderes Buch dabei herauskommen, wenn ich versuchen würde, mich noch mehr in die Einzelheiten zu vertiefen.

Für den Augenblick möchte ich nur festhalten, dass (auch wenn es zuerst nicht den Anschein hat) Gottes Impassibilität

30 Das griechische Wort ist hier *eulogetos* und nicht zu verwechseln mit *makarios,* das von Jesus in der Bergpredigt verwendet und gemeinhin mit „selig" bzw. „glücklich" übersetzt wird.

eine sehr gute Nachricht ist, die uns Trost und Ruhe geben sollte, wenn wir abends schlafen gehen.

Erstens tut es uns gut, uns wieder und aus einer neuen Perspektive daran zu erinnern, dass Gott wirklich in der Lage ist, seine Zusagen zu halten. Leid und Not sind eine unausweichliche Erfahrung für jeden, der in dieser zerbrochenen Welt lebt. Man braucht sich nicht zu schämen, das laut auszusprechen; die Psalmen sind voll von herzzerreißenden Klagen, die der Beter förmlich herausschreit. Und ich kann mich an Zeiten in meinem eigenen Leben erinnern, wo solche „Leidenschaften" es mir unmöglich machten, meinen beruflichen Pflichten nachzugehen. Das deutlichste Beispiel war der plötzliche Tod meines Bruders, der mich so umgehauen hat, dass ich kaum noch aufrecht stehen, geschweige denn meinen pastoralen Pflichten nachkommen konnte. Doch nichts und niemand in der ganzen Welt kann Gott davon abhalten, sich weiter um sein Volk zu kümmern. Er wird nie einen „schlechten Tag" haben, der von einem schwierigen Gespräch vergiftet worden ist; er wird nie in einem Wutausbruch unüberlegte Worte sagen. Der Gott, der nicht leiden kann, ist absolut verlässlich – weil er sich nie ändert. Er kann uns immer helfen, ja, er *will* immer helfen. Wenn wir beten, hat er immer ein offenes Ohr für uns. Wenn wir stolpern und hinfallen, ist er immer da, hilft uns wieder auf und vergibt uns. Wir können uns in seine Arme fallen lassen. Immer.

Und zweitens ist der Gott, der vollkommen mit allem Guten erfüllt ist, ein Gott, der immer und überall die nötigen *Mittel* hat, uns zu helfen, wenn wir durch Leiden gehen. Der Theologe Thomas Weinandy hat dies in einem exzellenten Artikel auf den Punkt gebracht:

Die Barmherzigkeit Gottes zeigt sich nicht darin, dass er solidarisch mit der Menschheit mitleidet, sondern dass er fähig ist, die Ursache des menschlichen Leides zu beseitigen – die Sünde.[31]

Gottes grenzenlose Segens-Ressourcen bedeuten, dass er uns ständig und reichlich mit Segen überschütten kann. Der vollkommen glückliche Gott wird eines Tages dieses Glück in seiner ganzen Fülle mit seinen Kindern teilen.

Hast du es nicht erkannt,
oder hast du es nicht gehört?
Ein ewiger Gott ist der HERR,
der Schöpfer der Enden der Erde.
Er ermüdet nicht und ermattet nicht,
unergründlich ist seine Einsicht.
Er gibt dem Müden Kraft
und dem Ohnmächtigen mehrt er die Stärke.
Jünglinge ermüden und ermatten,
und junge Männer straucheln und stürzen.
Aber die auf den HERRN hoffen,
gewinnen neue Kraft;
sie heben die Schwingen empor wie die Adler,
sie laufen und ermatten nicht,
sie gehen und ermüden nicht. (Jes 40,28-31)

31 Thomas Weinandy, „Does God Suffer?", *First Things,* November 2001, https://www.firstthings.com/article/2001/11/does-god-suffer (Zugriff am 24. März 2021). Ich kann Ihnen diesen Artikel sowie das Buch mit dem gleichen Titel nur wärmstens empfehlen.

KAPITEL 9

GOTT KANN NICHT STERBEN

„Ich will nicht ewig leben! Ich meine, das klingt ja gut, aber was soll ich denn die ganze Zeit machen?“, sagt der von Bruce Willis gespielte Ernest Melville in der schwarzen Filmkomödie „Der Tod steht ihr gut“ (1992). Und eine Generation später schafften es Taylor Swift und Zayn Malik in die Top Ten mit einem Song, in dem es ganz ähnlich heißt: „I Don't Wanna Live Forever“ („Ich will nicht ewig leben“). Warum wollen sie denn nicht ewig leben?

Ewiges Leben – das sieht auf den ersten Blick ganz gut aus. Der Tod – darüber sind sich die meisten einig – ist definitiv nichts Wünschenswertes; also muss es doch wohl etwas Gutes sein, wenn man *nicht* stirbt. Hat der walisische Dichter Dylan Thomas nicht recht, wenn er formuliert: „Wüte gegen das Sterben des Lichts“? Aber sobald wir anfangen, uns zu überlegen, was Unsterblichkeit real bedeuten würde, wird es schwierig.

Unter anderem stoßen wir auf das Problem, auf das Douglas Thomas in seinem Science-Fiction-Roman *Das Leben, das Universum und der ganze Rest* anspielt, wenn er das Dilemma eines gewissen Wowbagger schildert – des „Unendlich Verlängerten“, der zu den wenigen Unsterblichen im Universum gehört. Wowbagger wurde durch Zufall unsterblich und fand mit der Zeit seinen neuen Zustand immer unerträglicher:

Schließlich waren es die Sonntagnachmittage, mit denen er nicht zu Rande kam, und diese furchtbare Lustlosigkeit, die so um zwei Uhr fünfundfünfzig einzusetzen pflegt, wenn man weiß, dass man alle Vollbäder genommen hat, die man zweckmäßigerweise an einem Tag nehmen kann, dass man, egal, wie intensiv man auch auf jeden x-beliebigen Artikel in der Zeitung starrt, ihn niemals wirklich lesen oder die umwerfend neue Beschneidungstechnik anwenden wird, von der in ihm die Rede ist, und dass, während man die Uhr anstiert, die Zeiger unbarmherzig auf vier Uhr vorrücken und die lange, dunkle Teestunde der Seele beginnt. [32]

Wowbagger ist nicht der Einzige, der Angst vor dieser „langen, dunklen Teestunde der Seele" hat. Ich weiß noch, wie ich als junger Pastor, der noch grün hinter den Ohren war, einmal über das ewige Leben predigte und ganz begeistert von dem Thema war, bis eine sehr verständige Dame aus der Gemeinde auf mich zukam und sagte: „Also, ich finde das mit der Ewigkeit absolut schrecklich." Ich sah sie perplex an, und sie fuhr fort: „Ich habe Angst, dass ich mich da oben zu Tode langweilen werde." Und sie erklärte mir, dass dann, wenn das Leben unendlich weiterläuft, wir ein Problem kriegen werden, weil die Schöpfung ja nicht unendlich, sondern endlich ist. Wir werden die Zeit haben, buchstäblich jeden Menschen zu treffen, jedes denkbare Gespräch zu führen, jedes Buch zu lesen, das je geschrieben wurde, und jede Sehenswürdigkeit zu sehen, bis selbst die aufregendsten Ziele alltäglich und langweilig werden – und was dann? Als sie so weit gekommen

32 Douglas Adams, *Das Leben, das Universum und der ganze Rest* (Zürich: Kein & Aber, 2017), S. 10.

war, hatte mich ihre Angst bereits etwas angesteckt. Mal ehrlich: Was hätte ich ihr antworten sollen? (Außer natürlich: „Da haben Sie völlig recht, wie konnte ich das nur übersehen?")

Vielleicht sollten wir das Problem so angehen, dass wir über *Gottes* Unsterblichkeit nachdenken. Sie gehört ja, genauso wie Gottes Unsichtbarkeit, zu dem zweifachen Lobpreis des Paulus an Anfang und Ende des 1. Timotheusbriefes:

> *Dem König der Zeitalter aber, dem unvergänglichen, unsichtbaren, alleinigen Gott, sei Ehre und Herrlichkeit von Ewigkeit zu Ewigkeit! Amen. (1Tim 1,17)*

> *... der selige und alleinige Machthaber [...], der König der Könige und Herr der Herren, der allein Unsterblichkeit hat. (1Tim 6,15-16)*

Wenn wir sagen, dass *Gott* „unsterblich" ist, benutzen wir dieses Wort in einem etwas anderen Sinne als dem, den wir uns gewöhnlich vorstellen. Wir stellen uns Unsterblichkeit manchmal so ähnlich vor wie eine Imprägnierung. Wir behandeln ein Kleidungsstück oder ein Blatt Papier mit Wachs oder einer anderen geeigneten Substanz, damit Wasser an ihm abperlt und es nicht mehr nass wird – und jemand, der unsterblich ist, ist zwar nicht wasserabweisend, aber gewissermaßen todabweisend, weil er eine entsprechende Schutzschicht bekommen hat. Wir sind in diesem Buch mittlerweile so weit gekommen, dass Sie an dieser Stelle vielleicht von selbst sagen: „Aber man kann doch Gott nichts hinzufügen!" Was absolut richtig ist.

Wir erinnern uns: Als Gott Mose seinen Namen nannte, sagte er: „Ich bin, der ich bin" (2Mo 3,14). Wir sahen bereits, wie ihn das als unerschaffener Schöpfer von der Schöpfung völlig unterscheidet. Er existiert aus sich selbst (auf Lateinisch *a se,* die *Aseität* Gottes), und damit wird alles, was über ihn wahr ist, Teil der Definition seines Wesens. Das aber heißt: Wenn wir über Gottes Unsterblichkeit nachdenken, reden wir nicht nur über sein Ende, sondern auch über seinen Anfang. Es ist nicht nur so, dass Gott nicht sterben kann; es macht auch keinen Sinn, davon zu sprechen, dass er je „geboren" wurde.

Lassen Sie mich das erklären. In der Septuaginta – der alten griechischen Übersetzung der hebräischen Bibel – wird der Gottesname in 2. Mose 3,14 mit „Ich bin der Eine, der ist"[33] bzw. *„Ich bin der Seiende!"*[34] wiedergegeben. Im 1. Kapitel der Johannesoffenbarung finden wir die gleiche Aussage – dass Gott der ist, der ist –, aber mit einer wichtigen Ergänzung:

> *Ich bin das Alpha und das Omega, spricht der Herr, Gott, der ist und der war und der kommt, der Allmächtige. (Offb 1,8)*

Gegen Ende des Kapitels hören wir fast dieselbe Formulierung aus dem Mund des auferstandenen Jesus:

> *Ich bin der Erste und der Letzte und der Lebendige. (Offb 1,17-18)*

Man beachte hier: Um zu erklären, was es für ihn bedeutet, „der Lebendige" zu sein bzw. der, „der ist", beschreibt Gott sich unter Bezug auf die Vergangenheit und die Zukunft. Als „das Alpha

33 Engl.: „I am the one being." https://biblehub.com/interlinear/apostolic/exodus/3.htm

34 Septuaginta Deutsch, 2009, DBG, Stuttgart

und das Omega" (also der erste und der letzte Buchstabe des griechischen Alphabets) bzw. „der Erste und der Letzte" und „der ist und der war und der kommt" ist er gleichsam die Klammer, die die ganze Realität umschließt. Der gesamte zeitliche Ablauf des Universums vollzieht sich innerhalb dieser Klammer; und Gott steht außerhalb von ihr.

„Unsterblichkeit" beschreibt also die Seinsweise Gottes. Er ist der Eine, der wesentlich ist und an dem man nicht vorbeikommt. Seine Existenz ist das, *was* bzw. *wer* er ist, und nicht nur, was er tut. Er kann nicht *nicht* leben und hat es auch niemals.

Was uns zurückführt zu der Aussage, dass Gott außerhalb von und über der Zeit existiert. Dies ist ungeheuer schwierig für uns zu verstehen, weil wir in unserem Reden und Denken immer an die Zeit gebunden sind. Wir können uns so etwas wie Ewigkeit – etwas, das nicht durch Zeit begrenzt wird – buchstäblich nicht vorstellen. Wir können hier wieder einmal nur sagen: „Gott ist nicht so wie ich." Aber sobald wir dies sagen, können wir anfangen, eine kleine Ahnung davon zu bekommen, warum ewiges Leben vielleicht gar nicht so schlecht ist.

Gott, der außerhalb von Raum und Zeit existiert, ist unendlich auf eine Weise, wie Wesen in Raum und Zeit es nie sein können. Er hat keinen Anfang und kein Ende, und das bedeutet: Egal, wie lange ich lebe, ich werde nie an Gottes Ende kommen. Der Gott der unendlichen Schönheit und Güte und Weisheit wird immer *noch mehr* zu bieten haben, was er uns schenken kann. Egal, wie lange Sie schon Christ sind – Sie beten einen Gott an, an dem es immer noch mehr zu entdecken und zu genießen gibt.

Und dies wird auch für unser Leben nach dem Tod gelten. Wir stellen uns die neue Schöpfung ja gerne als eine verbesserte Version der jetzigen Welt vor: so ähnlich wie hier und jetzt, nur besser. Wenn wir so denken, kann uns die Ewigkeit furchtbar lang vorkommen, denn die Schöpfung ist endlich, und früher oder später werden unser Interesse an ihr und unsere Freude über sie unweigerlich erlahmen. Nein, wir müssen unseren Blick auf den *Schöpfer* richten, auf den all die Schönheit der Welt letztlich verweist. Der größte Segen des ewigen Lebens wird es sein, diesen Gott, der ewig und der Geber des Lebens ist, immer besser kennenzulernen. Wenn wir uns ihm anvertrauen, brauchen wir keine Angst davor zu haben, dass das Leben nach dem Tod irgendwann in die lange, dunkle Teestunde der Seele übergehen wird. Warum? Weil wir nie an ein Ende von Gottes Gut-Sein kommen werden. Da wir endliche Wesen sind, werden wir die Unendlichkeit nie ausschöpfen können, egal, wie viel Zeit wir haben. Ein unendlicher Gott ist auf ewig faszinierend. Und so haben wir jede Freiheit, uns ein ewiges Leben vorzustellen, das wunderbarer ist, als wir je für möglich gehalten haben.

Vielleicht hat Ihnen der Gedanke, dass Unsterblichkeit eine unerträgliche Last sein könnte, noch keine schlaflosen Nächte bereitet, aber bei manchen Menschen ist dies so. Oder vielleicht gehören Sie auch zu denen, die es hassen einzuschlafen aus Angst, dass sie nicht mehr aufwachen werden. Was auch immer bei Ihnen der Fall ist – dass Gott selbst unsterblich ist, ist ein großer Grund zur Hoffnung. Er als der Lebendige kann uns nicht nur ewiges Leben geben, sondern auch ein Leben, das es wert ist, gelebt zu werden.

> *Fürchte dich nicht! Ich bin der Erste und der Letzte und der Lebendige, und ich war tot, und siehe, ich bin lebendig von Ewigkeit zu Ewigkeit und habe die Schlüssel des Todes und des Hades. (Offb 1,17-18)*

VIERTES ZWISCHENSPIEL: GOTT LITT UND STARB ALLEIN

Es war ganz still, als hätte sich eine dicke Decke über das Land gelegt. Die Stille war ansteckend, niemand von uns sagte ein Wort. Wir saßen auf einer Felskuppe am Rande des malerischen Fischerdorfes Mousehole („Mauseloch") am westlichen Ende von Cornwall und erlebten eine Sonnenfinsternis. Wir waren nicht ganz im Zentrum der Finsternis (das lag ein paar Meilen entfernt), sodass wir eher eine Abenddämmerung als eine stockdunkle Nacht erlebten, aber selbst das war mitten am Tag unheimlich. Es fühlte sich übernatürlich an, obwohl es natürlich ein bekanntes Naturphänomen war: Für einen Augenblick schiebt sich der Mond zwischen die Erde und die Sonne, in genau der richtigen Entfernung, um das Sonnenlicht abzuschirmen. Aber das Erlebnis ließ mich an eine andere Finsternis denken, die man nicht als Naturphänomen erklären konnte.

An einem Passah-Freitag vor fast 2000 Jahren wurde es über Jerusalem am hellen Mittag dunkel. Dies war keine Sonnenfinsternis; das Passah wurde immer zur Zeit des Vollmonds gefeiert, und bei Vollmond sind keine Sonnenfinsternisse möglich. Die Finsternis kam trotzdem, und sie dauerte volle drei Stunden. Aber das war noch nicht das Unnatürlichste an dieser Finsternis. Die christliche Kirche hat von Anbeginn gelehrt, dass während dieser Finsternis der Sohn Gottes litt und starb. Er, der seinem Wesen nach nicht leiden konnte und der definitiv nicht sterben konnte, hing drei Stunden lang zwischen Himmel und Erde am Kreuz, während sein Leben erlosch.

Es ist ein Geheimnis, dass der unsichtbare Gott einer von uns wurde und sichtbar erschien, aber ein noch tieferes Geheimnis ist, dass er uns auf diese Art wieder verließ. Die Finsternis, die an jenem Tag die heiße Sonne über Judäa verdunkelte, war der unheimlichste Augenblick in der Geschichte des Universums: Gott starb.

Die junge Kirche stand schon bald vor der Aufgabe, über dieses Ereignis auf eine Art zu reden, die dieses Unbegreifliche begreifbar machte. Im Zentrum von Gottes Handeln an seinem Volk stand dieser Tod, der beides war: unmöglich und real geschehen. Wie sollte man das verstehen? Können wir wirklich sagen, dass dort am Kreuz Gott *starb?*

Nachdem die Kirche vier Jahrhunderte lang über diese Frage debattiert hatte, beantwortete Kyrill, einer der großen Theologen der ägyptischen Stadt Alexandrien (die damals eine der drei „Hauptstädte“ der christlichen Theologie war) die Frage mit „Ja“. Wie Sie sich vielleicht schon denken können, beruht diese Antwort auf der Vereinigung der beiden Naturen Christi (der göttlichen und der menschlichen) in ein- und derselben Person. Hören wir Kyrill selbst:

> *Denn das Wort Gottes ist seiner Natur nach unsterblich und unvergänglich und Leben und Lebensspender. Weil aber wiederum sein eigener Leib „durch die Gnade Gottes“, wie Paulus sagt, „für einen jeden den Tod gekostet hat“, so heißt es, dass er selbst für uns den Tod erlitten hat.*[35]

Mit anderen Worten: Weil es tatsächlich Christi eigener Körper war, der litt und starb, können wir sagen, dass „Gott starb“, auch wenn Gott seinem göttlichen Wesen nach nicht sterben kann.

Etwa um die gleiche Zeit wie Kyrill von Alexandrien sagte der Bischof von Rom, das eine der beiden anderen „Hauptstädte“ des Christentums war, etwas sehr Ähnliches: Jesus war ganz menschlich und ganz göttlich, wobei „die Eigentümlichkeit beider Naturen und Substanzen unbeeinträchtigt blieb“, sodass Folgendes galt:

> *Um unsere Schuld zu bezahlen, einigte sich die unverletzbare Natur mit der leidensfähigen, damit, wie es unsere Rettung erforderte, der eine Mittler zwischen Gott und den Menschen, der Mensch Jesus Christus, auf der einen Seite sterben, auf der andern nicht sterben konnte. In der unversehrten und vollkommenen Natur eines wahren Menschen*

35 Cyrillus von Alexandrien, „Der zweite Brief an Nestorius“, in: *Des heiligen Kirchenlehrers Cyrillus von Alexandrien ausgewählte Schriften* (München: Verlag Josef Kösel & Friedrich Pustet, 1935), S. 84. Er zitiert hier Hebr 2,9.

> *ist der wahre Gott geboren, vollkommen in dem Seinigen, vollkommen in dem Unsrigen.*[36]

Die beiden Naturen Jesu sind also nicht irgendwie miteinander kombiniert oder vermischt, sondern sie gehören beide untrennbar zu derselben Person, und diese Person ist für uns gestorben und auferstanden. Es ist Gott, der stirbt, aber er stirbt als Mensch.

Das alles war keine Theologie im Elfenbeinturm. Die Männer, die diese Worte schrieben, waren Bischöfe, die für die geistliche Begleitung der Christen in ihren Städten verantwortlich waren, aber auch für die Lehre des christlichen Glaubens in der ganzen Welt. Ihre Aufgabe war, den Gemeinden zu helfen, Christus „und die Kraft seiner Auferstehung und die Gemeinschaft seiner Leiden zu erkennen" (Phil 3,10). Es war ihnen wichtig, dass die Menschen wussten, *wer* da gestorben war, und ein wichtiger Grund dafür war ihre Überzeugung, *warum* er gestorben war. Einfach ausgedrückt: Jesu Tod am Kreuz bringt uns nur deswegen die Erlösung, weil er sowohl ganz Gott als auch ganz Mensch war.

Eine der klassischen Untersuchungen dieser Tatsache stammt von Athanasius, einem früheren Bischof von Alexandrien. In seinem Werk *Über die Menschwerdung des Logos* erörterte er das Problem der Sünde, das Gott gewissermaßen vor ein Dilemma stellt.

Das Verbot, vom Baum der Erkenntnis zu essen, in 1. Mose 2,17 enthält – so Athanasius – eine verbindliche Warnung: „Denn an

---

36 Leo der Große, 28. *Brief des Papstes Leo an den Bischof Flavianus von Konstantinopel gegen den Unglauben und die Häresie des Eutyches,* Kap. 3. Übersetzt von Severin Wenzlowski (Bibliothek der Kirchenväter, 1. Serie, Band 51), Kempten 1878. https://bkv.unifr.ch/de/works/cpl-1656/versions/die-echten-briefe-v-j-440-450-bkv/divisions/162.

dem Tag, da du davon isst, musst du sterben!" Doch die Menschen aßen von dem Baum, und jetzt hatte Gott ein Problem.

> *Ungereimt wäre es, Gottes Rede Lügen zu strafen, wenn nämlich der Mensch trotz der göttlichen Verfügung, er müsse im Falle der Übertretung des Gebotes des Todes sterben, nach der Sünde nicht starb, vielmehr seine Verfügung aufgehoben wurde. Dann war ja Gott nicht wahrhaftig, wenn der Mensch nicht starb trotz seines Wortes, dass wir sterben würden. Anderseits war es unziemlich, wenn die einmal erschaffenen vernünftigen und seines Logos teilhaftig gewordenen Wesen zugrunde gingen und auf dem Weg der Vernichtung wieder ins Nichts zurücksanken. Es reimte sich doch nicht mit der Güte Gottes zusammen, wenn die von ihm geschaffenen Wesen wegen des vom Teufel an den Menschen verübten Truges umkamen.*[37]

Es sieht ganz so aus, als ob Gott der Verlierer ist, egal, was er macht. Entweder er muss sein Wort brechen und damit sein eigenes Wesen verleugnen, oder er muss sein Wort halten und damit die Menschheit, die er nach seinem eigenen Bilde erschaffen hat, vernichten. Und hier ist die Inkarnation des Sohnes (oder „Wortes") Gottes für Athanasius Gottes ebenso perfekte wie wunderschöne Lösung für das Problem der Sünde:

---

37 Athanasius, *Über die Menschwerdung des Logos und dessen leibliche Erscheinung unter uns* (De incarnatione Verbi Dei), übersetzt von Anton Stegmann und Hans Mertel. (Bibliothek der Kirchenväter, 1. Reihe, Band 31) München 1917, Kap. 6. https://bkv.unifr.ch/de/works/cpg-2091/versions/uber-die-menschwerdung-des-logos-und-dessen-leibliche-erscheinung-unter-uns-bkv/divisions/7.

> *Deshalb nimmt er einen sterbensfähigen Leib an, damit dieser durch seine Teilnahme am Logos, dem alle unterstehen, zum Tod für alle geeignet würde, dank dem einwohnenden Logos unvergänglich bliebe und nunmehr für alle das Verderben in der Gnade der Auferstehung ein Ende fände.*[38]

Jesus konnte die Folgen unserer Sünde nur dann im Tod tragen, wenn er einer von uns war, und er konnte nur dann den Tod überwinden, wenn er Gott war. Es ist wunderbar, dass er beides war – einer von uns *und* Gott. Was er durch seinen Tod vollbrachte, war nichts anderes als die Vernichtung des Todes selbst:

> *Daher hat er den Leib, den er angenommen, als eine Weihegabe und als ganz makelloses Schlachtopfer in den Tod gegeben und verscheuchte alsobald von allen seinesgleichen den Tod durch das stellvertretende Opfer.*[39]
>
> *Das Menschengeschlecht wäre verloren gewesen, wenn nicht der Herr und Heiland aller, der Sohn Gottes, gekommen wäre, um dem Tode ein Ende zu machen.*[40]

Athanasius' Argumentation ist eigentlich einfach: Gottes Wort bezüglich des Todes des Sünders *musste* erfüllt werden. Jesus starb diesen Tod stellvertretend für die, die zu seinem Volk

---

38 Ebd., Kap. 9. https://bkv.unifr.ch/de/works/cpg-2091/versions/uber-die-menschwerdung-des-logos-und-dessen-leibliche-erscheinung-unter-uns-bkv/divisions/10.

39 Ebd.

40 Ebd.

gehören, und damit hat er uns das ewige Leben (also das, wozu wir ursprünglich erschaffen worden waren) wiedergebracht.

Das ist der Grund, warum die Geburt Jesu, die wir zu Weihnachten feiern, sowie sein Tod, seine Auferstehung und seine Himmelfahrt das Herzstück des christlichen Glaubens bilden. Für den Christen sind sie die Achse, um die sich die gesamte Geschichte dreht. Jesu Geburt markierte den Punkt, an dem er wahrer Mensch wurde; sein Tod am Kreuz den Augenblick, an dem er die Folgen des Sündenfalls auf sich nahm; und seine Auferstehung und Himmelfahrt sind die Garantie, dass der Sieg und das Leben, die er uns versprochen hat, kommen werden und dass er einmal alle Dinge wiederherstellen und sich untertan machen wird.

Und damit dies geschehen konnte, starb der Gott, der nicht einsam sein kann, ganz allein. Seine Freunde und Jünger hatten ihn verlassen, und in seiner Todesqual rief er sogar aus: „Mein Gott, mein Gott, warum hast du mich verlassen?“ (Mt 27,46).

Dieser grausame Augenblick inspirierte die Dichterin Elizabeth Barrett-Browning, als sie über das Leben des großen, aber gemütskranken christlichen Liederdichters William Cowper (1731–1800) nachdachte, den die Angst plagte, dass er von Gott verlassen enden würde.

Die letzten Strophen von Barrett-Brownings Gedicht *Cowper's Grave* („Cowpers Grab“) sind eine Meditation über die Verlassenheit Jesu am Kreuz. Ihre Worte sind eine Quelle des Trostes und Mutes für jeden, der insgeheim fürchtet, dass er am Ende seines Lebens der Gnade Gottes für unwürdig befunden und von Gott verlassen werden könnte:

Verlassen! Wer hätt' geträumt, dass,
als es ums Kreuze dunkel blieb,
das versteckte Antlitz des Opfers zeigte keine Lieb'?
Welche hilfsbedürft'gen Hände haben je
dem Sühneblut gewehrt?
Welche Tränen spülten's von der Seele,
dass einer so verlassen wär?

Verlassen! Eher könnt' sich Gott von seinem Wesen spalten
Die Sünde Adams hat den Sohn vom Vater ferngehalten:
Immanuels verwaister Schrei hat sein All zittern lassen –
einsam, dumpf, so stieg es auf: „Mein Gott, ich bin verlassen!"

Dies Wort stieg auf von heil'gen Lippen
in der verlor'nen Schöpfung mitten,
damit auch kein verlor'ner Sohn muss so verzweifelt bitten!
Damit, wenn's auch die Hoffnung trübt,
das schlimmste Weltentoben,
so doch nicht der Hoffnung Frucht.
Vor Cowpers Grab seh ich ihn droben.[41]

Der Sohn Gottes, der seinem Wesen nach weder einsam sein noch sterben kann, wurde ein Mensch und starb ganz allein, damit die, die an ihn glauben, niemals den Schrecken des Todes erleben müssen, den sie verdient haben. So sehr liebt er uns. Wer dieser Liebe glaubt, wie sollte er nicht ewige Ruhe in ihr finden?

41 Übersetzung: Isabel Hess.

KAPITEL 10

GOTT KANN NICHT VERSUCHT WERDEN

Oscar Wilde war berühmt für seine geistreichen Sprüche, die einerseits leicht daherkamen, ja, fast frivol klangen, doch die andererseits eine Hintergründigkeit hatten, die die leichte Fassade Lügen strafte. Seine letzten Worte waren angeblich: „Entweder geht diese scheußliche Tapete – oder ich." Eine andere Bemerkung von ihm, die man auf zig T-Shirts lesen kann, lautete: „Ich kann allem widerstehen, nur nicht der Versuchung." Es ist ein Satz, der sowohl von einem zynischen Freigeist stammen könnte als auch von einem verzweifelten Süchtigen. Doch in beiden Szenarien schwingt der Unterton mit, dass der, der versucht wird, nicht wirklich für seine Taten verantwortlich ist: „Was hätte ich denn tun sollen? Die Versuchung war halt übermächtig!"

Doch bei Gott ist das anders: Er kann nicht nur (durch seine überlegene Willenskraft) Versuchungen *widerstehen* – er kann gar nicht erst in Versuchung geraten. Und wir werden noch sehen, dass uns dieses Wissen nicht nur besser schlafen lässt, sondern auch hilft, Versuchungen besser zu widerstehen.

Doch bevor wir weitergehen, sollten wir uns erst einmal darüber klar werden, was wir unter „Versuchung" verstehen. Wenn man der Fernsehwerbung Glauben schenken darf, denkt man bei „Versuchung" am ehesten an Eiscreme oder Sex – ein starkes Verlangen nach etwas Lustvollem, das aber verboten ist.

Für den ernsthaften Bibelleser ist Versuchung etwas sehr viel Komplexeres; es geht nicht nur um verführerische Verlockungen der Lust, sondern um eine ganze Palette von Glaubens- und Charakterprüfungen. Das Volk Israel, das von den Kundschaftern Schreckliches über die Feinde im Land der Verheißung hörte, war nicht weniger eine Zielscheibe der Versuchung als Josef, als die Frau Potifars ihn umgarnen wollte.

Dass Versuchung viele Gesichter hat, wusste auch der Autor der Sprüche, als er betete:

Armut und Reichtum gib mir nicht,
lass mich das Brot, das ich brauche, genießen,
damit ich nicht, satt geworden, leugne
und sage: Wer ist denn der HERR? –
und damit ich nicht, arm geworden, stehle
und mich vergreife an dem Namen meines Gottes! (Spr 30,8-9)

Sowohl Geld zu haben als auch *kein* Geld zu haben kann in Versuchung führen. Es handelt sich um zwei Seiten derselben Münze. Reichtum reizt mich zum Vertrauen auf mich selbst: *Wozu brauche ich Gott, wenn ich so viel Geld habe?* Und Armut kann mich ebenfalls dazu verleiten, Gott zu ignorieren und das Heil bei mir selbst zu suchen – indem ich stehle. Es fällt auf, dass der Autor der Sprüche das mit der Versuchung ganz ähnlich sieht wie Oscar Wilde: Er weiß, dass er ihr nur allzu leicht erliegt. Und so bittet er Gott, ihn nicht in Versuchung geraten zu lassen.

Ich staune, wenn ich lese, dass Jesus seine Jünger dieselben Bitten lehrte – die Bitte um das tägliche Brot und die Bitte um Bewahrung vor Versuchung (Mt 6,11-13). Der Gedanke ist ernüchternd: Wir stehen der Versuchung so hilflos gegenüber, dass wir nur hoffen können, dass sie uns erspart bleibt. Nicht, dass die Versuchung uns von unserer Verantwortung entbindet, aber wir sind schwach, und es ist besser, Versuchungen von vornherein aus dem Weg zu gehen, als zu versuchen, sie zu besiegen.

Warum ist das so? Und inwiefern kann das Wissen, dass Gott nicht versucht werden kann, uns in unseren eigenen Versuchungen helfen? Es lohnt sich, wenn wir uns hier die erste bekannte Versuchung der Menschheitsgeschichte einmal genauer anschauen.

Adam und Eva wurden von Gott in eine Welt gesetzt, von der wir heute nur träumen können. Es war ein Paradies, voller köstlicher Nahrung, Schönheit und Staunen. Aber es war auch eine Welt mit Grenzen: Es gab in dem Garten einen Baum, dessen Früchte die Menschen nicht essen durften. Und diese Grenzen waren nicht zuletzt ein Ausdruck davon, dass diese Welt *Gottes* Welt war und dass die ersten Menschen als *seine Geschöpfe* in ihr lebten und eine Beziehung zu ihm hatten.

Aber dann kam die Versuchung, und sie war eine Aufforderung, „Nein“ zu sagen zu dem Gott, der die Menschen erschaffen hatte.

Die Schlange war listiger als all die Tiere, die Jahwe-Gott gemacht hatte. Sie fragte die Frau: „Hat Gott wirklich gesagt, dass ihr von keinem Baum im Garten essen dürft?“

„Natürlich essen wir von den Früchten“, entgegnete die Frau, „nur von den Früchten des Baumes in der Mitte des Gartens hat Gott gesagt: ‚Davon dürft ihr nicht essen – sie nicht einmal berühren –, sonst müsst ihr sterben.‘“

„Sterben?“, widersprach die Schlange, „sterben werdet ihr nicht. Aber Gott weiß genau, dass euch die Augen aufgehen,

wenn ihr davon esst. Ihr werdet wissen, was Gut und Böse ist, und werdet sein wie Gott."

Als die Frau nun sah, wie gut von dem Baum zu essen wäre, was für eine Augenweide er war und wie viel Einsicht er versprach, da nahm sie eine Frucht und aß. Sie gab auch ihrem Mann davon, der neben ihr stand. Auch er aß. (1Mo 3,1-6; NeÜ)

Schauen wir uns an, wie das Gespräch verläuft. Die Schlange beginnt damit, dass sie Eva einlädt, an Gottes Großzügigkeit zu zweifeln. „Hat Gott *wirklich* gesagt, dass ihr von keinem Baum im Garten essen dürft?" Diese Frage kann Eva eigentlich nur mit einem glatten „Nein" beantworten; ihre tatsächliche Antwort zeigt, dass sie sich bereits ein wenig auf die Argumentation der Schlange eingelassen hat. Denn sie fügt dem Verbot Gottes etwas hinzu, indem sie antwortet, dass sie die Früchte noch nicht einmal *berühren* dürfen (was Gott gar nicht gesagt hatte, vgl. 1Mo 2,16-17).

Und damit kommt die Lawine ins Rollen. Nachdem die Verhandlungen darüber begonnen haben, was Gott gesagt hat und was nicht, spielt die Schlange ihre zweite Karte aus: Gott habe den Menschen etwas vorgemacht, als er ihnen sagte, dass sie sterben müssten, wenn sie sein Verbot übertraten. „Sterben werde ihr nicht", beruhigt sie die Schlange. *Es ist doch klar, dass Gott dieses Verbot nur deswegen ausgesprochen hat, weil er euch kleinhalten will, um seine einzigartige Stellung zu schützen! Er will euch das Beste vorenthalten ...*

Bedenken wir, was bisher in den ersten Kapiteln der Bibel passiert ist. Ein ganzes Universum ist entstanden und hat eine bestimmte Form angenommen, und dies alles nur durch Gottes Wort. Er sprach, und es geschah. Nur *eines* seiner Worte ist noch nicht in Erfüllung gegangen: die Ankündigung, dass die

Menschen sterben werden, wenn sie von dem Baum der Erkenntnis essen. Die große Frage ist also: Werden sie Gottes Wort glauben oder der spekulierenden Schlange, die behauptet, Gottes Wort sei wohl doch nicht ganz so mächtig, wie sie annehmen? Die Behauptung, dass sich Gottes Warnung vielleicht gar nicht erfüllen wird, ist kein bloßes Wortgeplänkel, sondern sie sät Zweifel an Gottes Schöpfermacht – wenn Sie so wollen, an seinem „Gott-Sein". Und indem die Schlange unterstellt, dass es Gott vor allem um seine eigene Macht geht und nicht um das Wohl seiner Geschöpfe, zieht sie auch Gottes Gut-Sein in Zweifel.

Wenn wir diese Kombination aus Infragestellen der Güte Gottes und Zweifeln an seiner Göttlichkeit erkennen, kann das eine große Hilfe sein, um zu verstehen, wie Versuchung auf *unser* Herz wirkt. Nehmen wir als Beispiel die Versuchung zu lügen. Ich persönlich bin am ehesten dann versucht, unehrlich zu sein, wenn ich den Eindruck habe, dass Menschen schlecht von mir denken würden, wenn ich die Wahrheit sage. Ich komme zum Beispiel verspätet zu einem Termin und will nicht, dass die anderen mich für einen unorganisierten oder respektlosen Chaoten halten, und schon bin ich versucht, einen Verkehrsstau zu erfinden oder irgendetwas Unvorhergesehenes, das mich davon abgehalten hat, pünktlich zu sein.

Was geschieht in solchen Situationen? Es ist einerseits völlig natürlich zu wollen, dass andere gut von einem denken. In der Bibel (Spr 22,1) heißt es nicht umsonst: „Ein guter Name ist vorzüglicher als großer Reichtum." Doch wenn dieser Wunsch so stark wird, dass ich dafür bereit bin, eines der Zehn Gebote zu brechen, dann stimmt etwas ganz und gar nicht.

Es geht hier letztlich um die Frage, wie ich über Gott denke. Wenn ich es schlimmer finde, dass Menschen die Wahrheit über mich erfahren (dass ich also nicht immer so pünktlich bin, wie meine Kultur das von mir erwartet, und damit eine gewisse Geringschätzung meiner Mitmenschen demonstriere), als dass ich Gott missachte (indem ich seine Gebote breche), dann ist mir die Meinung anderer Menschen über mich wichtiger als das, was Gott über mich denkt. Das aber heißt: Ich werde versucht, weil ich Gott nicht wirklich als den Höchsten sehe – ich zweifle sein Gott-Sein an.

In anderen Situationen gibt es vielleicht etwas, was die Bibel mir zwar verbietet, aber was ich meine, für ein gutes, erfülltes Leben dringend zu brauchen. Wenn ich anfange, daran zu zweifeln, dass das Verbot dieser Sache ein Ausdruck von Gottes Gut-Sein ist, wird der Druck der Versuchung übermächtig. Wie viele außereheliche Affären haben mit der Ausrede begonnen, dass diese Beziehung das große Glück bringen würde?

Jede Versuchung gründet in einem Zweifel an Gottes Gott-Sein oder an seinem Gut-Sein (oft auch an beidem). Und jetzt sehen wir allmählich, warum Gott nicht versucht werden kann. Das folgende Beispiel ist vielleicht hilfreich: Wir kümmerten uns eine Zeit lang um den Hund eines Freundes, der so sehr zunahm, dass ihm der Tierarzt eine strenge Diät verordnete. Wenn dieser Hund so viel fraß, wie sein zunehmender Körper verlangte, würde er später große Probleme mit seinem Knochengerüst bekommen und von chronischen Schmerzen geplagt werden. Infolge seiner medizinischen Diät war der arme Hund ständig hungrig. Wenn wir ihn ausführten, mussten wir sehr auf der Hut sein; selbst Kuhfladen waren für das Tier unwiderstehlich. Ich weiß, wie es ist, versucht zu werden, aber was dieser arme Kerl unwiderstehlich fand, war mir einfach widerlich.

Für Gott ist so ziemlich alles, was wir als Versuchung empfinden, wie so ein Kuhfladen. Alles, was seinem wesensmäßigen Gut-Sein widerspricht, ekelt ihn an. Und was für einen Grund sollte Gott auch haben, etwas anderes als vorzüglicher zu betrachten als sich selbst? Wir werden dann versucht, wenn wir an Gottes Gott-Sein zweifeln und andere Dinge an seine Stelle setzen. Glauben wir wirklich, dass Gott sich selbst in Zweifel zieht? Und ähnlich: Welches Gute fehlt Gott, sodass er versucht sein könnte, sich dies mit unrechtmäßigen Mitteln anzueignen? Gott müsste, um vom Bösen versucht werden zu können, seine eigene Existenz verwerfen. Ich glaube, wir können uns darauf einigen, dass Gott nicht nur nicht aufhören kann zu existieren; er kann auch nicht aufhören, gut zu sein.

Und das kann uns in unserer Situation der Anfechtung helfen. Zu sagen, dass Gott nicht versucht werden kann, ist eine andere Art auszudrücken, dass er immer und unveränderlich gut ist. Und da so viele unserer Versuchungen damit zu tun haben, dass wir daran zweifeln, dass Gott gut ist, ist es eine echte Hilfe, über Gottes Verhältnis zur Versuchung nachzudenken.

So war es auch für die Christen, an die Jesu (Halb-)Bruder Jakobus seinen Brief schrieb. Seine Adressaten hatten schwer zu kämpfen. Ihr Glaube wurde durch Verfolgung und Not hart auf die Probe gestellt, und Jakobus erkannte die Gefahr, die darin lag: dass diese Christen die uralte Lüge über Gott schluckten, er würde die Seinen nicht lieben. Und so fährt Jakobus, nachdem er über die Quelle und die Auswirkungen der Versuchung gesprochen hat (Jak 1,13-15), folgendermaßen fort:

> *Irret euch nicht, meine geliebten Brüder! Jede gute Gabe und jedes vollkommene Geschenk kommt von oben herab, von dem Vater der Lichter, bei dem keine Veränderung ist noch eines Wechsels Schatten. Nach seinem Willen hat er uns*

durch das Wort der Wahrheit geboren, damit wir eine Art Erstlingsfrucht seiner Geschöpfe sind. (V. 16-18)

Die Menschen denken oft, dass ihr Leben einem ständigen Wandel unterworfen ist. Oft verbinden sie diese Tatsache mit den Veränderungen, die sie um sich herum in der Schöpfung wahrnehmen. Mit der hartnäckigste Irrglaube ist hier die Astrologie, also die Vorstellung, dass unser Schicksal auf irgendeine Weise von den Bewegungen der Sonne, des Mondes, der Sterne und Planeten bestimmt wird. Hieran ist so viel richtig, dass diese Bewegungen Einfluss auf die Jahreszeiten und das Wetter haben. Doch Gott ist *nicht* wie diese Himmelskörper, die sich ständig verändern (Jak 1,17). Seine Beziehung zu seinen Kindern hängt nicht von Jahreszeiten und Wetterkapriolen ab. Er ist auf wunderbare Weise beständig und immer gut.

Gott verändert sich nicht, sagt Jakobus, *und wenn er euch ein neues Leben gegeben hat, dann nicht auf Bewährung. Gott versucht nicht herauszufinden, wie viel er euch zumuten kann, bevor ihr umfallt.* Daher brauchen wir Versuchungen nicht aus der verbissenen Perspektive von Oscar Wilde zu betrachten. Versuchungen besitzen nicht die unwiderstehliche Kraft Gottes. Sie bedeuten auch nicht, dass Gott es auf uns abgesehen hat. Das Wissen, dass Gott ohne Wenn und Aber auf der Seite der Seinen ist, ist eine große Hilfe, der Versuchung zu widerstehen, denn diese gründet ja, auf welche Art auch immer, in der Lüge, er sei es nicht. Der Satz „Gott liebt mich, und sein Weg ist immer ein Weg des Segens" ist eine gewaltige Hilfe, wenn meine Lebensumstände (ob sie nun an meine Wünsche oder meine Ängste appellieren) mir etwas anderes weismachen wollen. In welchen Situationen brauchen *Sie* die Erinnerung an diese Tatsache?

Wir können ruhig schlafen in dem Wissen, „dass Gott das gute Werk, das er in euch angefangen hat, auch bis zu dem Tag weiterführen und vollenden wird, an dem Christus Jesus wiederkommt" (Phil 1,6; NeÜ). Gott war immer gut und wird es immer sein. Ihm können wir vertrauen. Egal, wie das Wetter gerade ist und welche Jahreszeit wir haben und wie unsere Lebensumstände aussehen – Gott hat sich nicht verändert, und seine Verheißungen gelten felsenfest. In diesem Wissen kommen wir zur Ruhe.

KAPITEL 11

GOTT KANN NICHT LÜGEN

Die Kunst des Komikers macht es möglich, das Schwert der „prophetischen“ Wahrheit zu schwingen in einer Welt, die diese Wahrheit über sich nicht hören will. So ist es seit Urzeiten. Im Mittelalter konnte der Hofnarr in Gegenwart des Königs Dinge aussprechen, die jeden anderen in den Kerker und auf das Schafott gebracht hätten.

Diese Fähigkeit ist eines der Dinge, die ich an dem Komiker, Schauspieler und Autor Ricky Gervais so mag. Gervais ist – im Rahmen einer sorgfältig konstruierten Rolle – bereit, Dinge zu sagen, die unangenehm sind, und lästigen Wahrheiten eine Stimme zu geben. Was einer der Gründe dafür war, dass ich es kaum erwarten konnte, den Film *Lügen macht erfinderisch* zu sehen, der vor ein paar Jahren in die Kinos kam. Gervais war sowohl der Drehbuchautor als auch der Regisseur des Films.

Der Film spielt in einer alternativen Realität, in der alle Leute ständig nur die Wahrheit sagen können. Er beginnt mit einer imaginären Rückblende des ersten Males, als jemand eine Lüge aussprach, und fordert den Zuschauer dann auf, sich zu überlegen, wie die Welt aussehen würde, wenn nie jemand gelogen hätte.

> *Eine Welt ohne Lügen wäre eine Welt ohne Träume. Eine Welt ohne Heuchelei. Eine Welt ohne Erzählungen und Romane. Eine Welt ohne Schmeichelei. Eine Welt, die ganz anders ist als die unsere.*

Es folgt eine Reihe ziemlich peinlicher Begegnungen zwischen Menschen, die exakt das sagen, was sie übereinander denken. In einer der ersten Szenen bekommt der Held des Films – Mark, der von Ricky Gervais gespielt wird – von der Frau seiner Träume einen Korb. Er soll sich keine Illusionen machen; sie findet ihn zwar ganz nett, aber ...

> *... das ändert nichts daran, dass du immer noch die Hälfte des genetischen Codes für unsere Kinder liefern würdest, und ich will keine kleinen, dicken Kinder mit Stupsnasen.*

Ich will ehrlich (!) sein: Ich finde diesen Aspekt des Films nicht besonders überzeugend; es ist doch wohl ein Unterschied, ob man die Wahrheit sagt oder ohne Rücksicht auf Verluste exakt das von sich gibt, was man gerade denkt. Aber sie bringen einen zum Lachen, diese Szenen, und Ricky Gervais nutzt sie meisterhaft, um die vielen kleinen Heucheleien und Unehrlichkeiten unseres Alltags zu entlarven. Die eigentliche Handlung des Films dreht sich darum, dass Mark der Einzige in der Welt ist, der lügen kann. Doch dahinter versteckt sich eine andere Botschaft, die wesentlich subtiler und hintersinniger ist.

Die Personen in dem Film sind sprachlich nicht in der Lage, Lügen als solche zu bezeichnen. Als Mark also die Angst auf dem Gesicht seiner sterbenden Mutter sieht und sie damit zu trösten versucht, dass sie ja nicht in ein schwarzes Loch geht, sondern in ihre Wohnung im Himmel, kann er diese Lüge, als er sie später seinen Freunden beichtet, nur so ausdrücken: „Ich habe etwas gesagt ... was es nicht gab."

Im Prolog des Films heißt es, dass die Fähigkeit zu lügen zu Folgendem führe:

> *... zur Geburt der Fantasie, zum Geschichtenerzählen, zur Religion und zu der ach so wichtigen Höflichkeitslüge, wie zum Beispiel: „Oh, Patty, hast du abgenommen? Du siehst fantastisch aus!"*

Mit anderen Worten: Dieser Film fordert uns auf, die Unwahrheit als fundamental für Kreativität und Kultur zu sehen, weil sie uns neue Arten des Denkens und positive Beziehungen zu unseren Mitmenschen eröffne. Und bevor Sie jetzt den Gedanken sofort verwerfen, fragen Sie sich bitte, was Kreativität denn ist, wenn nicht die Fähigkeit, sich Dinge vorzustellen und auszudrücken, die es nicht gibt.

Der Film mag etwas seicht sein; sein Drehbuchautor und Regisseur ist es definitiv nicht. Er hat Philosophie studiert und hat sich gut geschlagen in einer Diskussion mit Rowan Williams, dem früheren Erzbischof von Canterbury, der selbst ein international angesehener Intellektueller ist. Ricky Gervais ist ein Atheist von der glaubwürdigen Sorte. In dem Film behandelt er den Glauben an Gott als etwas, das unmöglich ist ohne die spezifisch menschliche Fähigkeit, die Wahrheit zu verdrehen, um Macht über sich selbst und andere zu bekommen. An Gott glauben ist für ihn eine Art beruhigender Selbstbetrug. Was im Prinzip nichts Neues ist. Aber was neu ist (jedenfalls für mich), ist die Idee, dass die Fähigkeit zu lügen eine wesentliche Voraussetzung für Kreativität ist. Und wenn das der Fall wäre, wäre der Glaube an einen Gott der Wahrheit als Schöpfer absurd.

Bestehen wir also zu Recht darauf, dass unser Schöpfergott nicht lügen kann? Die Bibel behauptet dies jedenfalls. Der Gott Abrahams, Isaaks und Jakobs ist der Gott der Wahrheit: „Lügnerische Lippen verabscheut der HERR, wer aber für die Wahrheit eintritt, gefällt ihm“ (Spr 12,22; ZB). Im ganzen Neuen Testament ist Wahrhaftigkeit ein Wesensmerkmal Gottes. Im Johannesevangelium beschreibt sich Jesus selbst als „die Wahrheit“ (Joh 14,6) und den Heiligen Geist als den „Geist der Wahrheit“ (14,17; 15,26; 16,13) und sagt, dass der Vater nur in Wahrheit angebetet werden kann (4,23). Er sagt auch, dass der Geist der Wahrheit vom Vater ausgeht (15,26), dass das Wort des Vaters Wahrheit ist (17,17) und dass der Vater ihn (Jesus) in die Welt gesandt hat, um für die Wahrheit Zeugnis zu geben (18,37). In den Briefen lesen wir, von einem „Gott, der nicht lügt“ (Tit 1,2), dass Gott „unmöglich lügen kann“ (Hebr 6,18) und dass „Gott zuverlässig und wahrhaftig ist, jeder Mensch aber letztlich ein Lügner“ (Röm 3,4; NeÜ).

Aber wenn wir uns Ricky Gervais' Definition der Lüge als „etwas sagen, was es nicht gibt“ anschließen, dann wird Gottes Unfähigkeit zu lügen infrage gestellt, denn im ersten Kapitel der Bibel sagt Gott laufend Dinge, die es (noch) nicht gibt. Er spricht von Licht, wo es bisher nur Dunkelheit gab, von Leben, wo es bisher nur Leere gab. Gott hat genau diese kreative Fähigkeit, sich Dinge vorzustellen und auszusprechen, die der Realität, wie sie bisher existiert, nicht entsprechen.

Ist das Lügen? Für den Verfasser der Mosebücher ganz offenbar nicht, denn er betont ausdrücklich, dass jedes Mal, wenn Gott etwas sagte, die Realität sich beeilte, sich dem von Gott gesprochenen Wort anzupassen. Gott sagt: „Es werde Licht!“, und das neuerschaffene Universum gehorcht: „Und es wurde Licht.“ Gottes Schöpferkraft stellt seine Wahrhaftigkeit nicht infrage, sondern demonstriert umgekehrt ihre Macht. Mit Gottes Wahrhaftigkeit verhält es sich geradeso wie mit seinem Wissen. Wir erinnern uns: Gott weiß, was wahr ist, weil er es erschafft. Die normale Reihenfolge wird umgekehrt: Wenn ich als Mensch spreche, sind meine Worte wahr, wenn sie der Realität entsprechen. Wenn Gott spricht, sind seine Worte wahr, weil die Realität ihnen folgen muss.

Doch Vorsicht: Diese Argumentation kann einen auf Abwege führen. Im Mittelalter verstiegen sich Theologen und Philosophen wie Wilhelm von Ockham[42] fast zu der Aussage, dass Gottes Gut-Sein (und innerhalb dessen seine Wahrhaftigkeit) einfach eine Ausdrucksform seiner Macht sei. Es gab also Stimmen, die behaupteten, dass, falls Gott plötzlich beschließen sollte, das Quälen von jungen Katzen sei etwas Gutes, es tatsächlich zu etwas Gutem würde. (Nun, vielleicht haben sie sich nicht ganz so ausgedrückt, aber die Richtung stimmt.)

Dies führt uns wieder zurück zum vorangehenden Kapitel (Gott kann nicht versucht werden) und letztlich zu einem Problem, das wir bereits bei Plato finden.[43] Man kann es so formulieren: „Ist das Gute gut, weil Gott es will, oder will Gott das Gute, weil es gut ist?" Anders ausgedrückt: Gibt es hier einen Maßstab außerhalb Gottes, an den er sich hält, oder ist das Gute etwas rein Willkürliches (also eine Sache des Willens)[44]? Die Frage sieht wie ein typisches Dilemma aus (bei dem nur entweder die eine oder die andere Option wahr sein kann), doch keine der beiden Optionen kann der Beziehung Gottes zum Guten und Wahren wirklich gerecht werden.

Tatsache ist, dass *beides* gleichzeitig wahr ist – aber nur zusammengenommen. Gott will das Gute, weil es gut ist, *und* das Gute

42 Ockham wurde für sein Prinzip „Ockhams Rasiermesser" berühmt: Die beste Theorie ist in der Regel die, die am einfachsten ist.

43 Vgl. sein Dialogwerk *Eutyphron*.

44 Das Fremdwort für „willkürlich" ist *arbiträr;* es ist abgeleitet von dem lateinischen *arbitrium* („Wille", „Willenskraft").

ist gut, weil er es will. Dies ist so, weil die Definition von „gut" von Gottes eigenem Wesen bestimmt wird; er ist der Maßstab, an dem sich jeder Wahrheits- oder Gutheitsanspruch messen muss. Gott kann noch nicht einmal zum Bösen versucht werden, weil sein eigenes Gut-Sein dies verhindert. Und er kann nicht lügen, weil er die Wahrheit ist, sodass alles, was er tut, in Übereinstimmung mit der Wahrheit steht, und alles, was wahr ist, von ihm kommt.

Der entscheidende Fehler in der Logik des Films *Lügen macht erfinderisch* besteht darin, die Wurzeln von Kreativität und Fantasie in der Fähigkeit zum Lügen zu verorten. Es stimmt, dass jemand nicht lügen kann, wenn er nicht die Fähigkeit hat, sich Dinge vorzustellen, die es nicht gibt; in diesem Sinne besteht eine Beziehung zwischen Fantasie und Lüge. Aber es ist nicht die Fähigkeit zu lügen, die die Grundvoraussetzung für das Schöpferische ist, sondern es ist die Fähigkeit zum Schöpferischen, die die Grundvoraussetzung für das Lügen ist. Lügen ist das Ergebnis des Missbrauchs einer an sich guten Fähigkeit.

Das gilt im Grunde für jede Art von Übel. Alles Böse ist ein Missbrauch von etwas an sich Gutem. Nehmen wir nur das Beispiel Sexualität. Sex ist etwas Gutes. Der menschliche Fortpflanzungstrieb entspricht dem allerersten Gebot Gottes an seine Menschen: „Seid fruchtbar und vermehrt euch" (1Mo 1,28). Die Vereinigung Adams und Evas zu „*einem* Fleisch" (1Mo 2,24) gehörte zu der guten Schöpfung vor dem Sündenfall. Doch der sexuelle Impuls mit seinem Potenzial der Anziehung und Vereinigung kann sehr leicht zum Bösen missbraucht werden, und in den Zeitungs- und Fernsehnachrichten eines einzigen Tages kann es dazu mehr Beispiele geben als in der ganzen Bibel. Der Prozentsatz der Frauen, die Opfer sexueller Übergriffe geworden sind, ist erschütternd und entsetzlich. Jede Sünde bedeutet in irgendeiner Weise eine Verdrehung oder Verleugnung von etwas an sich Gutem.

So ist das auch beim Lügen. Die Fähigkeit zu sprechen ist etwas Gutes, auch die Fähigkeit zum Schöpferischen und der Vorstellungskraft. In beiden Dingen spiegelt sich etwas von Gottes Wesen wider. Aber sie können zu bösen Zwecken missbraucht und verfremdet werden.

Wie wir im letzten Kapitel sahen, stürzte die Welt durch eine Lüge in den Abgrund. Lügen ist im Innersten ein Gewaltakt. Für Jesus war der Teufel „ein Menschenmörder von Anfang an und stand nicht in der Wahrheit, weil keine Wahrheit in ihm ist" (Joh 8,44). Es ist hochinteressant, wie hier Lüge und Mord zusammengeführt werden. Aber wenn wir bedenken, dass die gesamte Realität durch Gottes wahrhaftiges Reden entstanden ist, ist es logisch, dass jeder Versuch, diese Realität durch unwahrhaftiges Reden zu unterminieren, als etwas zutiefst Destruktives betrachtet werden muss.

Wenn wir also feststellen, dass Gott nicht lügen kann, werden wir einmal mehr mit seinem Gut-Sein konfrontiert. Dass er nicht lügt, geschieht aus dem gleichen Grund, wie dass er nicht ungerecht richtet oder uns mit Versuchungen hereinlegen will. Seine Wahrhaftigkeit ist Ausdruck seines Wesens als des großzügigen Gebers allen Lebens und aller guten Dinge. Die Geschichte der Welt beginnt damit, dass Gott seinen Geschöpfen Leben, Schönheit und Gaben in Fülle schenkt, und er tut dies, indem er spricht.

Dass Gott nicht lügen kann, ist etwas ungemein Wichtiges für uns. Schauen wir uns noch einmal Hebräer 6,18 an und beachten den Kontext, in dem dieser Vers steht. Der Verfasser des Hebräerbriefs knüpft an Gottes Verheißung an, Abraham und dessen Nachkommen zu segnen – und zu denen gehören auch wir, wenn wir gläubig sind. Können wir sicher sein, dass Gott zu dieser Verheißung stehen wird? Ganz gewiss, denn:

> *Wenn Menschen schwören, tun sie das bei einem Größeren. Ihr Eid bekräftigt die Aussage und beseitigt jeden Widerspruch. So hat auch Gott sich mit einem Eid für seine Zusage verbürgt, denn er wollte den Erben dieses Versprechens die feste Gewissheit geben, dass er seine Zusage wirklich einlöst. Zwar ist es sowieso unmöglich, dass Gott lügen kann, doch hier wollte er sich in doppelter Weise festlegen – durch die Zusage und den Eid, die beide unumstößlich sind. Das ist für uns eine starke Ermutigung, denn wir haben ja unsere Zuflucht zu dieser Hoffnung genommen und wollen alles daran setzen, sie zu erreichen. In ihr haben wir einen sicheren und festen Anker, der uns mit dem Innersten des himmlischen Heiligtums verbindet. Dorthin ist Jesus bereits vorausgegangen, er, der unser ewiger Hoher Priester geworden ist, ein Hoher Priester nach der Art des Melchisedek. (Hebr 6,16-20; NeÜ)*

Denken Sie einmal darüber nach: Gott hat uns ein festes, unerschütterliches Versprechen gegeben, auf das wir unser Leben bauen können. Manche Menschen finden, dass auf Versprechen nicht viel Verlass ist; woher wollen wir wissen, dass sie auch gehalten werden? Aber wenn der Gott, der nicht lügen kann, bei sich selbst einen Eid schwört, der sein Versprechen besiegelt, dann gibt es nichts, was noch verlässlicher oder realer sein könnte – das ist sozusagen ein wunderbarer, positiver Kreislauf. Schon sein bloßes Wort ist bereits unendlich vertrauenswürdig, aber er möchte so sehr, dass wir seiner so absolut gewiss sind, dass er gewissermaßen die Unendlichkeit mit der Unendlichkeit multipliziert und uns sagt: *Ich schwöre, dass ihr mir vertrauen könnt.*

Der Schreiber des Hebräerbriefes vergleicht Gottes Erlösungsverheißungen mit einem „Anker" für unsere Seelen. Stellen Sie sich das vor wie das Sicherungsseil, das einen Astronauten bei einem „Weltraumspaziergang" an sein Raumschiff anbindet. Solange das Halteseil da ist, gibt es einen Weg nach Hause. Er ist im Weltraum, wo es nichts gibt, woran er sich festhalten oder entlanghangeln könnte, um zurück zu dem Raumschiff zu gelangen – aber dieses Seil ist sein „Anker", der seine Sicherheit garantiert.

Und das Gleiche gilt für Gottes Verheißungen. Wenn alles andere in meinem Leben ins Wanken kommt, bleibt mir immer dieser „Anker", dieses Seil, das mich mit Gott verbunden hält. Keine Pandemie, keine Klimakrise, keine Wirtschaftskrise kann dieses Seil kappen. Auch nicht das Scheitern einer Beziehung, der Verlust meines guten Rufes oder das Versagen am Arbeitsplatz oder in Schule und Studium. Auf die Verheißungen, die Gott uns in Jesus gegeben hat, ist absolut Verlass.

Jeder von uns muss eines Tages hinausgehen in den leeren, finsteren „Weltraum" des Grabes. Wir alle werden in die Ewigkeit hinübergehen und uns dem stellen, was auf der anderen Seite liegt. Dass Gott uns einen Anker an dem herrlichsten Ort gegeben hat, den man sich vorstellen kann – nämlich bei sich selbst –, bedeutet, dass wir schon jetzt in Frieden ruhen können, weil unser zukünftiger Friede garantiert ist. Gott hat ihn versprochen, und deshalb wird er Realität werden, denn Gott kann nicht lügen. Wir werden dort sein, wo Jesus ist.

FÜNFTES ZWISCHENSPIEL: JESUS WURDE VERSUCHT

„In deiner Haut möchte ich nicht stecken", hört man manchmal. Eine Variante lautet: „In deinen Schuhen möchte ich nicht gehen." Der amerikanische Komiker Steve Martin sagte einmal: „Bevor du jemanden kritisierst, gehe eine Meile in seinen Schuhen. Dann wirst du, wenn du mit deiner Kritik kommst, eine Meile von ihm entfernt sein, und seine Schuhe hast du noch dazu."

Es ist ein klassisches Komiker-Manöver: Man nimmt eine bekannte Redewendung und dreht sie so, dass die Absurdität, die in ihr steckt, sichtbar wird. Das ist sozusagen das Risiko von Redewendungen – aber funktionieren tut dies nur, weil die Redewendung genügend Wahrheit enthält, um immer wieder zitiert zu werden.

Was besagt das Bild mit dem Gehen in den Schuhen eines anderen Menschen? Dass wir das, was die anderen tun, und für welchen Weg sie sich entscheiden, nur dann verstehen können, wenn wir ihre Situation und das, was sie erlebt haben, aus der Innenperspektive betrachten, also durch ihre Augen. In vollem Maß ist das natürlich unmöglich; wir wissen nie wirklich, wie es ist, in der Haut eines anderen zu stecken.[45] Doch oft können wir auf Erlebnisse und Gefühle aus unserem eigenen Leben zurückgreifen, die uns helfen zu verstehen, was mit dem anderen los ist, auch wenn der Satz „Ich weiß, wie dir zumute ist" nie zu hundert Prozent stimmen wird.

Wenn es um unsere menschlichen Erfahrungen geht, vor allem aber das Erleben von Versuchungen, gehen wir schnell davon aus, dass *Gott* das definitiv nicht nachvollziehen könne. Wie sollte er wissen, wie uns kleinen Menschen zumute ist? Und hier finden wir die nächste große Überraschung im Leben Jesu; und zwar an prominenter Stelle in den Evangelien. Der Bericht über die Versuchung Jesu ist so bekannt, dass ein Studienfreund, als er mir Drogen anbot und merkte, dass meine Ablehnung mit meinem christlichen Glauben zu tun hatte, ironisch die Worte des Satans an Jesus zitierte: „Jetzt komm schon ... alle Reiche der Welt ..."

Der Verfasser des Hebräerbriefes unterstreicht die Bedeutung für uns, dass Jesus versucht wurde. In Hebräer 2,18 (NeÜ) lesen wir: „Und weil er selbst gelitten hat, als er versucht wurde, kann er auch denen helfen, die in Versuchungen geraten." Und weiter versichert er uns: „Dieser Hohe Priester [Jesus] versteht unsere

45 Wenn Sie sich in dieses Problem vertiefen wollen, kann ich Ihnen wärmstens den folgenden Aufsatz des Philosophen Thomas Nagel empfehlen: Thomas Nagel, *What Is It Like to Be a Bat? Wie ist es, eine Fledermaus zu sein?* Englisch/Deutsch (Stuttgart: Reclam, 2016).

Schwächen, weil ihm die gleichen Versuchungen begegnet sind wie uns – aber er blieb ohne Sünde." (Hebr 4,15; NeÜ)

Lassen Sie das einen Augenblick auf sich einwirken: Jesus versteht uns, wenn wir versucht werden, weil er selbst auch versucht wurde. Wir werden später noch einmal zu diesen Versen zurückkommen; halten wir hier nur fest, dass der Sohn Gottes, der seinem Wesen nach eigentlich gar nicht versucht werden kann, das, was wir an Versuchungen erleben, sozusagen von innen kennt.

Wenn Sie ein bisschen wie Oscar Wilde sind (der, siehe Kapitel 10, allem widerstehen konnte außer Versuchungen), denken Sie jetzt vielleicht: „Das klingt ja schön, aber Jesus kann mich nicht *wirklich* verstehen, weil er der Versuchung doch nie nachgegeben hat." Aber damit übersehen Sie das, was der Autor des Hebräerbriefes uns eigentlich sagen will: dass Jesus sich nämlich *besser* mit Versuchungen auskennt als wir, *weil* er ihnen nie erlegen ist.

Lassen Sie mich Ihnen eine Geschichte erzählen. Vor Kurzem hatte ich meinen freien Tag an einem Werktag, als der Rest der Familie bei der Arbeit oder in der Schule war. (Als Pastor hat man eine andere Arbeitswoche als der Rest der Menschheit.) Ich war also allein, und da ich nichts anderes zu tun hatte, beschloss ich, eine längere Tour mit dem Fahrrad zu machen – gute 100 Kilometer. Für einen durchtrainierten Radler klingt dies nicht weiter atemberaubend, aber ich hatte seit Monaten auf keinem Fahrrad mehr gesessen. Ehrlich gesagt: Es war eine ziemliche Dummheit, diese Gewalttour. Und genau das signalisierte mir mein Körper nach den ersten 50 Kilometern, die ich durch die malerische englische Landschaft gefahren war. Und die Versuchung war groß, mich zum nächsten Bahnhof durchzuschlagen und darauf zu hoffen, dass ein menschenfreundlicher Schaffner mich verschwitztes Wrack samt Fahrrad mitnehmen würde. Noch einmal

50 Kilometer – wie sollte ich das durchhalten? Mir wurde fast schwindelig, und ich fing an, ein Duett mit meinen Beinen zu singen, in welchem diese mir die Vorteile eines mäßigen, aber regelmäßigen Trainings vorhielten. Irgendwie habe ich es dann doch auf dem Rad zurück nach Hause geschafft – fragen Sie mich aber nicht, in was für einem Zustand.

Hätte ich mehr über die Versuchung einfach aufzugeben gewusst, wenn ich zum nächsten Bahnhof gefahren wäre? Nein! Ich hätte lediglich mehr darüber gewusst, wie es ist, der Versuchung nachzugeben. Die ganze Macht der Versuchung konnte ich nur dadurch erfahren, dass ich weitermachte. Es wurde mit jedem Kilometer schlimmer, und erst, als ich wieder zu Hause war, wusste ich tatsächlich etwas über die Macht dieser Versuchung. Beachten wir, dass Jesus *litt,* als er versucht wurde (vgl. Hebr 2,18). Erst indem er der Versuchung widerstand, begegnete Jesus ihre mächtige Kraft – und damit kennt er sich besser mit Versuchungen aus als Oscar Wilde oder als Sie oder ich.

Und was für eine Versuchung war es, die Jesus erlebte? In Matthäus 4,1-11 (dem Bibelabschnitt, auf den mein Freund an der Uni damals anspielte) sehen wir, dass die Versuchung Jesu den Versuchungen ganz ähnlich war, denen das Volkes Gottes im Alten Testament ausgesetzt war. Dort in der Wüste trat der Teufel Jesus entgegen und versuchte es mit derselben Masche, die schon im Garten Eden funktioniert hatte und bei den Israeliten in der Wüste, die auf dem Weg ins Land der Verheißung waren. Der Teufel versuchte, Jesus durch eine Speise dazu zu bringen, seinem Vater ungehorsam zu werden:

Dann wurde Jesus von dem Geist in die Wüste hinaufgeführt, um von dem Teufel versucht zu werden; und als er vierzig Tage

> *und vierzig Nächte gefastet hatte, hungerte ihn schließlich. Und der Versucher trat zu ihm hin und sprach: Wenn du Gottes Sohn bist, so sprich, dass diese Steine Brot werden! (Mt 4,1-3)*

Doch Jesus durchschaute ihn und erwiderte: „Es steht geschrieben: „‚Nicht von Brot allein soll der Mensch leben, sondern von jedem Wort, das durch den Mund Gottes ausgeht'" (V. 4).

Und nachdem er auf diese Weise gesiegt hatte, wo Adam verloren hatte, begab sich Jesus in noch tiefere Abgründe der Versuchung, die kein Mensch je durchschritten hatte:

> *Darauf nimmt der Teufel ihn mit in die heilige Stadt und stellte ihn auf die Zinne des Tempels und spricht zu ihm: Wenn du Gottes Sohn bist, so wirf dich hinab! Denn es steht geschrieben: „Er wird seinen Engeln über dir befehlen, und sie werden dich auf den Händen tragen, damit du nicht etwa deinen Fuß an einen Stein stößt." Jesus sprach zu ihm: Wiederum steht geschrieben: „Du sollst den Herrn, deinen Gott, nicht versuchen."*
>
> *Wiederum nimmt der Teufel ihn mit auf einen sehr hohen Berg und zeigt ihm alle Reiche der Welt und ihre Herrlichkeit und sprach zu ihm: Dies alles will ich dir geben, wenn du niederfallen und mich anbeten willst. Da spricht Jesus zu ihm: Geh hinweg, Satan! Denn es steht geschrieben: „Du sollst den Herrn, deinen Gott, anbeten und ihm allein dienen." (V. 5-11)*

Hier ist kein Raum für eine detaillierte Analyse dieses erstaunlichen Berichtes des Matthäusevangeliums. Ich möchte Sie aber auf eine Sache hinweisen, die uns zu verstehen hilft, wie Jesus litt, als er versucht wurde, und warum er Leuten wie Ihnen und mir deshalb helfen kann.

Der Höhepunkt der Versuchung ist das Angebot von aller Macht der Welt. Um diese Macht ging es Jesus, und er hat sie inzwischen längst bekommen. Paulus schreibt den Christen in Philippi:

> *Darum hat Gott ihn über alles erhöht und ihm den Namen geschenkt, der über allen Namen steht: Denn vor dem Namen Jesus wird einmal jedes Knie gebeugt; von allen, ob sie im Himmel sind, auf der Erde oder unter ihr. Und jeder Mund wird anerkennen: „Jesus Christus ist der Herr!" So wird Gott, der Vater, geehrt. (Phil 2,9-11; NeÜ)*

Die Versuchung besteht in Matthäus 4 nicht so sehr darin, *was* der Teufel Jesus anbietet, als vielmehr in dem *Weg*, den Jesus einschlagen soll. Der Satan bietet ihm eine schnelle, schmerzlose Abkürzung zur Herrlichkeit an. Der von Gott verordnete Weg war von ganz anderer Art.

Das Zitat aus dem Philipperbrief beginnt mit dem Wort „darum". Die vorangehenden Verse erklären dieses „darum"; sie nennen den Grund für die Erhöhung Jesu:

> *Er war in Gottes Gestalt, nutzte es aber nicht aus, Gott gleich zu sein, sondern beraubte sich selbst und wurde einem Sklaven gleich. Er wurde Mensch und alle sahen ihn auch so. Er erniedrigte sich selbst und gehorchte Gott bis zum Tod – zum Verbrechertod am Kreuz. (Phil 2,6-8; NeÜ)*

Dort auf dem Berg mit dem Satan bekam Jesus ein Königreich ohne Kreuz angeboten. Zu unserem Glück jedoch wählte er das Kreuz.

Damit sind wir beim Kern der Versuchung Jesu in der Wüste. Er hat deshalb so gelitten, als er mit ihr kämpfte, weil die größte

Versuchung darin bestand, nicht leiden zu müssen. Um Hebräer 2 noch einmal etwas ausführlicher zu zitieren:

> *Deshalb musste er seinen Geschwistern in jeder Hinsicht gleich werden, um vor Gott ein barmherziger und treuer Hoher Priester für uns sein zu können; ein Hoher Priester, durch den die Sünden des Volkes gesühnt werden. Und weil er selbst gelitten hat, als er versucht wurde, kann er auch denen helfen, die in Versuchungen geraten. (Hebr 2,17-18; NeÜ)*

Jesus kann uns nicht nur als Beispiel und Vorbild helfen oder als jemand, der mit uns mitfühlt, sondern als *Erlöser*. Er widerstand der Versuchung bis zum Ende, damit er das Unheil, das wir Menschen geschaffen haben, heilen konnte.

Irenäus , Bischof von Lyon, dessen Mentor den Apostel Johannes noch persönlich gekannt hatte, schrieb über die Versuchung Jesu:

> *Die Übertretung, welche vermittelst des Baumes geschehen war, wurde auch getilgt durch den Baum des Gehorsams, an welchem in Unterwürfigkeit gegen Gott der Sohn des Menschen gekreuzigt wurde [...] Durch den Gehorsam bis in den Tod am Kreuze tilgte er den alten, am Holz begangenen Ungehorsam.*[46]

46 Irenäus von Lyon (130-202), *Erweis der apostolischen Verkündigung* (BKV), (Demonstratio apostolicae praedicationis), in: *Des heiligen Irenäus fünf Bücher gegen die Häresien.* Aus dem Griechischen übersetzt, von E. Klebba. (Bibliothek der Kirchenväter, 1. Reihe, Band 4) München 1912, I/III/34. https://bkv.unifr.ch/de/works/cpg-1307/versions/erweis-der-apostolischen-verkundigung-bkv/divisions/41

Jesus stellte sich der schlimmstmöglichen Versuchung, um eine Welt neu zu machen, der die Sünde irreparable Schäden zugefügt hatte. Er hielt bis zum Schluss durch, indem er seine Augen fest auf das Ziel richtete: eine Ewigkeit mit uns. Wie es im Hebräerbrief heißt: „Weil er wusste, welche Freude auf ihn wartete, hat er das Kreuz und die Schande dieses Todes auf sich genommen. Nun sitzt er auf dem Ehrenplatz an Gottes rechter Seite" (Hebr 12,2; NeÜ).

Wenn also bei Ihnen die Versuchung anklopft – egal, ob es eine große Versuchung ist wie der Abfall vom Glauben an Jesus oder eine eher kleine wie das „versehentliche" Weglassen gewisser Angaben in Ihrer Steuererklärung[47] –, dann können Sie Folgendes tun: Als Erstes können Sie beten, in dem Wissen, dass Gott Ihre Lage genau versteht. Sie dürfen sich zweitens daran erinnern, dass Jesus ja ganz genau weiß, wie schmerzlich es sein wird, wenn Sie der Versuchung widerstehen und ihr nicht nachgeben. Vor allem aber: Denken Sie daran, dass Jesus selbst, als er vor einer Versuchung stand, die schwerer war als alles, was Sie oder ich je erleben werden, bewusst den Weg des Kampfes und Schmerzes wählte, um Sie zu erlösen. Was immer Ihnen die Versuchung an „Belohnung" verspricht – ein Gott, der Sie so sehr liebt, ist unendlich viel mehr wert.

47 Dass wir uns nicht falsch verstehen: Ich möchte Steuerhinterziehung nicht verharmlosen; ich nenne sie einfach als ein Beispiel für die Art von Dingen, über die manche Menschen sich kein schlechtes Gewissen machen.

KAPITEL 12

GOTT KANN SICH SELBST NICHT VERLEUGNEN

Wenn Sie ein Fan von Spionage-Thrillern sind wie ich, kennen Sie sicher die folgende Situation aus der Welt der Agenten und Geheimdienste: Geheimagent XY gilt bei seinen Auftraggebern nicht mehr als zuverlässig; vielleicht befürchten sie auch, dass seine Aktionen die Regierung in Verlegenheit bringen. In so einem Fall kann man sich von dem Agenten distanzieren oder ihn verleugnen. Die Führung des Geheimdienstes lässt dazu ihren Partnern eine sogenannte „burn notice" zugehen, die erklärt, dass der Agent aus bestimmten Gründen nicht mehr den Geheimdienst bzw. die Regierung vertritt und dass alle von ihm stammenden Informationen zu ignorieren sind, so als würde man sie verbrennen („burn") . Solch ein Agent ist dann völlig auf sich gestellt. Die „burn notice" ist ein beliebtes Motiv in der Welt der Romane und Filme (ein Beispiel unter vielen ist die *Mission Impossible*-Filmserie), aber es gibt sie auch in der Realität.

In diesem letzten Kapitel soll es um diese Idee des Verleugnens gehen. Wenn Paulus in 2. Timotheus 2,13 über Gott sagt: „Er kann sich selbst nicht verleugnen", dann geht es um diese Art der Verneinung und Nichtanerkennung. Gott kann keine „burn notice" gegen sich selbst ausstellen. Dies mag uns wie eine Selbstverständlichkeit erscheinen, aber es ist eine hilfreiche

Zusammenfassung dessen, was die elf anderen Dinge, die Gott nicht tun kann, uns über sein Wesen gezeigt haben. Und das zeigt uns auch uns noch einmal, wie all diese Dinge uns helfen können, nachts ruhiger zu schlafen.

Wir haben gesehen, dass Gott das einzige un-bedingte – d. h. ohne irgendwelche Bedingungen – existierende Wesen ist. Er ist da, weil er der ist, der er ist („Ich bin, der ich bin"). Er ist der Lebendige, er kann nicht sterben. Und er ist vollkommen; nichts an ihm könnte verbessert werden, und es fehlt ihm an nichts. Es macht also Sinn, dass solch ein Gott sich nicht selbst verneinen bzw. verleugnen kann. Er ist ja die letzte unumstößliche Realität, und alles andere, was ist, existiert nur durch ihn. Würde Gott sich selbst verleugnen, würde sich die ganze Wirklichkeit in Nichts auflösen.

Aber das wird nicht geschehen. Es kann gar nicht geschehen. Der Gott, der nicht lernen kann, weil er bereits alles weiß, kann nicht so tun, als gäbe es ihn nicht; als wäre das, was am wahrsten ist (nämlich er selbst) auf einmal unwahr. Der Gott, den nichts überraschen kann, wird nie neu über seine Identität nachdenken, weil er auf etwas Neues gestoßen ist. Und selbst wenn er es täte, könnte ihn das nicht dazu bringen, seine Meinung zu ändern.

Der Gott, der unsichtbar ist, weil er keinen Körper hat und jenseits unseres Universums wohnt, wird sich nicht aufgrund irgendwelcher chemischer oder hormonaler Störungen auf einmal gegen sich selbst wenden, so wie Menschen es manchmal tun. Der Gott, dessen Augen zu rein sind, um das Böse anzuschauen, wird nicht seine eigene Gutheit verwerfen, denn das Verwerfen des Guten ist ja das Herz des Bösen.

Merken Sie es? Gott muss und wird sich selbst immer absolut treu sein, weil er anders gar nicht existieren kann. Was eine mehr als gute Nachricht ist: Es bedeutet, dass es eine tiefe Realität gibt, die stabil und verlässlich bleibt – ganz egal, was immer auch in dieser sich verändernden Welt geschieht. Auch wenn uns das Universum oft kalt und unbarmherzig vorkommt, der Gott, der dahintersteht, ist unveränderlich stark und gütig. Wir dürfen also sicher sein, dass einmal alles Falsche richtiggestellt werden wird und dass die Wahrheit triumphieren wird über das Dickicht der Lüge, das so viele Menschen gefangen hält.

Aber gut, das ist das ganz große Bild, und ich lebe in einer kleinen Ecke eines sehr kleinen Bildes. Hat diese ganze Geschichte etwas für *mich* und für *mein* Leben zu sagen?

Paulus' Aussage, dass Gott sich nicht verleugnen kann, gehört zu einem jener „gewissen (o. wahren) Worte", die er gelegentlich in seinen Briefen verwendet. Hier ist der volle Wortlaut:

Es ist ein wahres Wort:
Wenn wir mit Christus gestorben sind,
werden wir auch mit ihm leben
Wenn wir standhaft bleiben,
werden wir auch mit ihm herrschen.
Wenn wir ihn aber verleugnen,
wird er auch uns verleugnen
und wenn wir untreu sind,
bleibt er dennoch treu,
denn er kann sich selbst nicht verleugnen. (2Tim 2,11-13; NeÜ)

Dieses „gewisse Wort" (ELB) ist eine Ermutigung, Jesus durch dick und dünn zu vertrauen – auch dann, wenn die Welt versucht, uns von ihm loszureißen. Als Paulus seinen Brief an Timotheus schrieb, stand er unter massivem Druck, seinem Glauben abzusagen. Er war im Gefängnis, weil er Jesus gepredigt hatte, und viele seiner Freunde hatten ihn fallen gelassen, um nicht selbst Probleme zu bekommen. Wenn er also schreibt: „Wenn wir mit Christus gestorben sind, werden wir auch mit ihm leben. Wenn wir standhaft bleiben, werden wir auch mit ihm herrschen" (V. 11-12), ist dies keine Theologie aus der Gelehrtenstube, sondern etwas, bei dem es um alles oder nichts geht: Was Jesus für seine Leute erworben hat, kann ihnen niemand wegnehmen.

Wir haben gesehen, dass Jesus dies unter großen Kosten für sich selbst errungen hat: Der unsichtbare Gott wurde sichtbar. Der Gott, der nicht lernen kann, ging zur Schule. Der Gott, der nicht versucht werden kann, wurde versucht. Der Gott, der nicht einsam sein kann, schrie: „Mein Gott, mein Gott, warum hast du mich verlassen!", und der Lebendige starb. Und er tat all das, um uns Leben statt Tod zu schenken, unsere zerbrochene Beziehung zu Gott wiederherzustellen, damit wir wieder so werden können, wie Gott uns gedacht hatte. Und deshalb ruft Paulus uns auf: *Macht weiter, haltet durch!*

Die Alternative ist furchtbar: „Wenn wir ihn aber verleugnen, wird er auch uns verleugnen" (V. 12). Der Christ, der sich von Jesus distanziert, um seine Haut zu retten, und auf die Seite seiner Feinde wechselt, schneidet sich von seiner einzigen Hoffnung ab. Ich kann mir kaum ausdenken, welchen Schmerz Paulus diese Vorstellung bereitet haben mag.

Vielleicht stehen Sie gerade nicht in Gefahr, regelrecht mit Jesus zu brechen, aber Sie haben den Eindruck, dass Ihr Christenleben an einem seidenen Faden hängt. Vielleicht haben Sie schon länger zu kämpfen; Sie sind müde geworden, und manchmal fragen Sie sich, ob Sie noch genug Benzin im Tank haben, um das Ziel zu erreichen. Wird Ihr Glaube stark genug sein? Sie haben keine Probleme damit, all die Dinge über Gott zu glauben, an die dieses Buch Sie erinnert hat, aber ruhig schlafen können Sie trotzdem nicht, denn Sie haben Angst, dass Sie aus Gottes Hand fallen könnten.

Für jemanden wie Sie ist der letzte Satz in Paulus' „wahrem Wort" noch wertvoller als das Passwort zum Internet-Bankkonto von Elon Musk. „Und wenn wir untreu sind, bleibt er dennoch treu, denn er kann sich selbst nicht verleugnen" (V. 13). Haben Sie das verstanden? Selbst wenn wir treulos sind – wenn also unser Glaube so schwach ist, dass er zu nichts zu taugen scheint –, steht Gott zu den Verheißungen, die er uns gegeben hat. Er hat sich uns gegenüber in einem solchen Maße verpflichtet, dass er sich selbst verleugnen würde, wenn er uns verleugnen würde – selbst dann, wenn unser Glaube nur noch an einem Faden hängt. Und dass er sich selbst verleugnet, das ist, wie wir schon sahen, ein Ding der Unmöglichkeit. „Wenn wir untreu sind, bleibt er dennoch treu, denn er kann sich selbst nicht verleugnen."

In Kapitel 11 haben wir uns mit einem Abschnitt aus dem Hebräerbrief befasst, wo es heißt, dass Gott die Bundesverheißungen an sein Volk mit einem Eid bekräftigt hat (Hebr 6,13). Man kann sich dies als Szene vor Gericht vorstellen, wo Gott einen Eid ablegt, aber dabei nicht auf die Bibel als Buch schwört, sondern auf sich selbst. Gott hat bei sich selbst geschworen. Er kann sich selbst nicht verleugnen. Er wird Sie nicht verlassen und Sie nicht fallen lassen. Auf unsere eigene Kraft und Treue ist kein Verlass – aber auf Gott. Also: Schlafen Sie gut!

DANKE!

Ein dickes Dankeschön an Rachel Jones von der Good Book Company, die mir die freundlichste und klügste Lektorin gewesen ist, die ein Autor sich wünschen kann. Ich danke all den vielen lieben Freunden (Eure Namen kennt ihr selbst!), die mir geholfen haben dranzubleiben, sowie den Christen in der St. Bartholomew Church in Edgbaston. Vor allem aber danke ich Sam, Miriam, Harriet und Oliver, dem „Team Tucker". Soli Deo gloria!

John C. Lennox
Gegen den Strom
Von Daniel lernen, unangepasst zu leben
Gb., 592 S., 13,5 x 20,5 cm
Best.-Nr. 271795
ISBN 978-3-86353-795-1

Daniel praktizierte seinen Glauben öffentlich in der pluralistischen Gesellschaft Babylons. Würde er heute leben, stünde er an vorderster Front in einer öffentlichen Debatte, in der die Ausübung des Christentums zunehmend ins Private abgedrängt wird. Was gab ihm die Kraft und Überzeugung, gegen den Strom zu schwimmen, oft unter großem Risiko?

Peter J. Williams
glaubwürdig
Können wir den Evangelien vertrauen?
Pb., 158 S., 13,2 x 21 cm
Best.-Nr. 271715
ISBN 978-3-86353-715-9

Die Evangelien – Matthäus, Markus, Lukas und Johannes – sind vier Berichte über Jesu Leben und Lehre. Doch sind sie auch historisch akkurat? Welche Belege gibt es dafür, dass die aufgezeichneten Ereignisse wirklich stattgefunden haben? In dieser Argumentation für die historische Zuverlässigkeit der Evangelien untersucht der Neutestamentler Peter Williams Belege aus nichtchristlichen Quellen, bewertet den Übereinstimmungsgrad zwischen biblischen und außerbiblischen Informationen zum kulturellen Kontext der damaligen Zeit, vergleicht verschiedene Berichte desselben Ereignisses und begutachtet, wie diese Texte über die Jahrhunderte weitergegeben wurden.

David Gooding
Mit Jesus unterwegs im Johannesevangelium
Wie Begegnungen mit dem Sohn Gottes Menschen verändern
Pb., 224 S., 13,5 x 20,5 cm
Best.-Nr. 271837
ISBN 978-3-86353-837-8

Die Skizzen im Johannesevangelium stellen uns Männer und Frauen vor, deren Erfahrungen auch heute noch in uns nachklingen, da sie unseren Blick auf die Person lenken, die ihre Geschichte für immer verändert hat.

Mit seinen Fähigkeiten als Ausleger und Erzähler zeichnet David Gooding einige dieser individuellen Glaubenswege nach, auf denen Jesus Christus selbst die Richtung vorgab. Wenn wir ihre Lebensgeschichte betrachten und zuhören, wie Christus ihre Probleme anspricht, haben wir nicht nur das Gefühl, diese Menschen zu kennen, sondern erkennen auch, dass derjenige, der zu ihnen sprach, durch ihre Geschichten auch heute noch zu uns spricht.

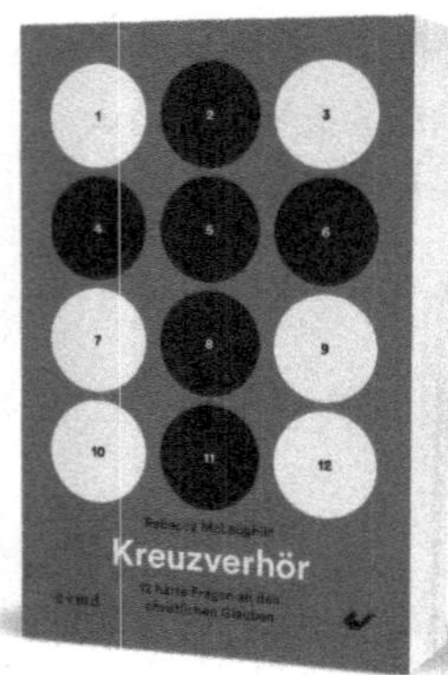

Rebecca McLaughlin
Kreuzverhör
12 harte Fragen an den christlichen Glauben
Pb., 336 S., 13,3 x 20,3 cm
Best.-Nr. 271816
ISBN 978-3-86353-816-3

Auf Grundlage aktueller Forschungsergebnisse, persönlicher Erlebnisse und sorgfältiger Bibelstudien untersucht *Kreuzverhör* kritische Fragen, die viele vom christlichen Glauben abhalten. Doch bei genauerem Hinsehen zeigt sich, dass diese scheinbaren Hindernisse zu Wegweisern auf Jesus Christus werden und zur besten Hoffnung unserer modernen Welt.